MINISTÈRE DE L'INSTRUCTION PUBLIQUE

ANNALES
DU
MUSÉE GUIMET

BIBLIOTHÈQUE D'ÉTUDES

TOME HUITIÈME

SI-DO-IN-DZOU

GESTES DE L'OFFICIANT

DANS LES CÉRÉMONIES MYSTIQUES DES SECTES TENDAÏ ET SINGON (BOUDDHISME JAPONAIS)

D'APRÈS LE COMMENTAIRE DE

M. HORIOU TOKI
SUPÉRIEUR DU TEMPLE DE MITANI-DJI

TRADUIT DU JAPONAIS	AVEC INTRODUCTION
SOUS SA DIRECTION	ET ANNOTATIONS
PAR	PAR
S. KAWAMOURA	**L. DE MILLOUÉ**
	CONSERVATEUR DU MUSÉE GUIMET

PARIS
ERNEST LEROUX, ÉDITEUR
28, RUE BONAPARTE, 28

1899

MINISTÈRE DE L'INSTRUCTION PUBLIQUE

ANNALES

DU

MUSÉE GUIMET

BIBLIOTHÈQUE D'ÉTUDES

TOME HUITIÈME

SI-DO-IN-DZOU

GESTES DE L'OFFICIANT

DANS LES CÉRÉMONIES MYSTIQUES

DES SECTES TENDAÏ ET SINGON

D'APRÈS LE COMMENTAIRE

DE

M. HORIOU TOKI
SUPÉRIEUR DU TEMPLE DE MITANI-DJI

TRADUIT DU JAPONAIS	AVEC INTRODUCTION
SOUS SA DIRECTION	ET ANNOTATIONS
PAR	PAR
S. KAWAMOURA	**L. DE MILLOUÉ**
	CONSERVATEUR DU MUSÉE GUIMET

PARIS
ERNEST LEROUX, ÉDITEUR
28, RUE BONAPARTE, 28

1899

M. HÔRIOU TOKI
célébrant la cérémonie Goho Rakou devant le Mandara du Musée Guimet
le 13 novembre 1893

Planche II.

MONDJOU BOSATSOU (Manjuçri).
Bois du xive siècle.

Planche III.

KOBO DAI-SHI.
Fondateur de la secte Sïngon en l'an 806.
Bois peint.

Planche IV.

DAI-NITI NIORAI DU TAIDZO-KAI.
Bois de santal.

Planche V.

BINAYAKIA (Ganéça).
Bronze du xvie siècle.

Planche VI

Yamaboushi jouant de la conque.
Terre cuite.

MIROKOU BOSATSOU (Maitréya).
Bronze chinois.

Planche VIII.

FOUDO MIO-HO (Acala).
Bronze du xviiie siècle.

Planche IX.

KONGO SATT'A (Vajra-sattva).
Bois doré.

Planche X.

DAI-NITI NIORAI DU KONGO-KAI.
Bois doré du xviie siècle.

Planche XI.

FOUGUEN BOSATSOU (Samantabhadra).
Bois du xiv⁰ siècle.

Planche XII.

GOSANZÉ (Trêlokya-vijaya).
Bois peint.

Planche XIII.

AMIDA HÖSSIN-SEPPO-IN.
Bois doré du xvie siècle.

Planche XIV.

ASHIKOU NIORAI (Akšobhya).
Bois doré.

Planche XV.

HOCHO NIORAI (Ratna-Sambhara).
Bois doré.

Planche XVI.

AMIDA NIORAI (Amitâbha).
Bois doré du xviiᵉ siècle.

Planche XVIII.

YAKOUSHI NIORAI.
Bois noir.

INTRODUCTION

Lorsque M. Guimet visita les temples bouddhistes du Japon, au cours de la mission que lui avait confiée, en 1876, le Ministère de l'Instruction publique et des Beaux-Arts, les cérémonies de la secte de Sïngon (secte ésotérique et mystique, on le sait) attirèrent tout particulièrement son attention. Il avait remarqué, en effet, que, tandis qu'ils récitaient ou psalmodiaient leurs prières, les mains des prêtres s'agitaient perpétuellement sous les larges manches de leurs robes sacerdotales, en sortant parfois rapidement pour saisir ou reposer quelque ustensile sacré, chapelet, foudre, sonnette, aspersoir à eau bénite, ou pour esquisser un geste semblable à celui de bénédiction. Sa curiosité en fut vivement excitée ; mais ses tentatives pour se renseigner auprès des prêtres demeurèrent vaines : tout ce qu'il put savoir, c'est qu'il s'agissait de gestes rituels, qu'on les nommait *In*, c'est-à-dire « Sceaux » et que leur sens ainsi que la manière de les former appartenaient à ces doctrines secrètes que seuls les initiés avaient le droit de connaître. Les peines les plus rigoureuses, dans cette vie et dans l'autre, attendent le religieux sacrilège qui livre à un profane la clef du mystère des sceaux.

Cependant, au temple de Tchi-shikou-ïn, à Kiotô, comme

on lui avait donné pour guide un jeune novice à l'air éveillé et disposé à parler, il remit sur le tapis la question qui piquait si profondément sa curiosité. Le moine se retrancha d'abord, comme tous les autres prêtres, derrière le secret de la doctrine; puis, ébranlé par l'offre séductrice de son portrait dessiné par M. Félix Régamey, objecta que simple novice il n'avait pas encore été initié aux profondeurs du sens du mystère des sceaux, et finalement promit de procurer à M. Guimet le livre renfermant tous ces signes cabalistiques, leur sens et l'explication des cérémonies où ils étaient employés.

C'est l'ouvrage dont nous donnons ici le commentaire.

Avoir le livre, c'était déjà beaucoup, mais il fallait encore en connaître le contenu et sur ce point nous nous heurtâmes longtemps à une difficulté insurmontable. Parmi les Japonais attachés au Musée au moment de sa fondation, en 1878, se trouvait un lettré des plus érudits, qui avait été quelque temps novice dans un monastère de la secte Sïngon, M. Ymaïdzoumi. M. Guimet lui demanda la traduction de ce livre mystérieux; mais après de longues et infructueuses tentatives, M. Ymaïdzoumi déclara n'en pouvoir rien tirer, soit que, comme il le disait, il n'eut pas reçu un degré d'initiation suffisant pour comprendre cette doctrine mystique, soit peut-être par scrupule de conscience.

L'ouvrage fut alors mis entre les mains de japonisants, de sinologues, soumis à M. Fujishima Ryauon, prêtre de la secte Sïn-Siou, pendant le séjour qu'il fit à Paris, à M. Hong-tcheu, le supérieur des bonzes annamites de l'Exposition de 1889, à MM. Kô Idzoumi Riautaï et Yoshitsoura Hôguen, les deux prêtres de la secte Sïn-Siou qui célébrèrent le première office bouddhique au Musée Guimet, le 21 février 1891, à M. Motoyoshi

Saïzau ; personne ne put le comprendre. Seul M. Hong-tcheu avait entrevu une partie de sa doctrine, mais sans cependant parvenir à en expliquer le sens exact.

Nous désespérions de pénétrer jamais ce mystère irritant pour notre curiosité, quand arriva à Paris, à la fin de 1893, M. Horiou Toki, supérieur du monastère Sïngon de Mitani-dji, qui visitait l'Europe en revenant du Congrès des Religions, tenu quelques mois avant à Chicago, où il avait été délégué par le chapitre de sa secte. De prime abord, M. Horiou Toki se refusa à nous donner aucun éclaircissement à cause du caractère secret de ces rites; puis, pressé vivement et s'étant rendu compte par tout ce qu'il voyait autour de lui que seuls la curiosité scientifique et un grand intérêt pour les dogmes du boudhisme nous guidaient, il consentit à lever pour nous un coin du voile, à révéler dans un commentaire succinct le sens et la raison d'être de ces gestes mystérieux; mais en s'en tenant, comme il le disait, aux seuls points que l'on révèle aux novices. Quant aux prières, aux invocations, aux mantras et aux dhâranîs, il se refusa absolument, non seulement à nous les traduire, mais même à nous les lire.

La composition de ce commentaire, sa traduction et la discussion à laquelle nous dûmes le soumettre durèrent cinq mois, et malheureusement M. Toki et M. Kawamoura durent tous deux repartir pour le Japon avant que certains points obscurs fussent complètement élucidés, certains détails précisés, notamment en ce qui concerne la forme, dénaturée par la double transcription en chinois et en japonais, et le sens spécial des termes sanscrits qui se rencontrent en assez grand nombre, dans cet ouvrage; néanmoins l'ensemble du travail était assez avancé pour que je pusse tenter, même livré à mes seules forces, de mener sa publication à bonne fin. La tâche fut plus difficile et surtout beaucoup plus longue que je ne le présumais ; d'autant plus ardue que le sujet est entièrement neuf, puisque, jusqu'à présent, le côté rituel du bouddhisme a été presque entièrement négligé et que l'on n'a que des données fort incomplètes sur les Sûtras tântriques, très rares dans nos bibliothèques, dont il n'a été traduit que quelques fragments. J'ai donc dû, pour éclaircir tant bien que mal les points douteux, compulser tout ce que les auteurs européens ont écrit sur le bouddhisme Mahâyâna, relever, grouper et comparer les allusions applicables à notre sujet éparses dans leurs ouvrages.

Notre document se compose de cinq petits volumes, reliés en paravent, dont quatre de texte et un de figures, de 18 centimètres de hauteur sur 12 centimètres de largeur, imprimés au moyen de planches xylographiques sur un papier fort et un peu rugueux, légèrement jaunâtre ; l'impression paraît toute fraîche, ce qui s'accorde du reste avec le dire du novice de Tchi-shikou-ïn qui prétendit avoir imprimé ou fait imprimer cet exemplaire tout spécialement avec les planches conservées dans les archives de son couvent. Le texte en est entièrement chinois, avec de loin en loin quelques caractères sanscrits du type de ceux dont nous avons publié l'alphabet, accompagné de l'explication de leur valeur mystique, sous le titre de *Shidda,* dans le premier volume des Annales du Musée Guimet, et avec lesquels était écrit le texte sanscrit du *Sukhâvati-vyuha-Sûtra* dont nous avons donné la traduction, d'après la version de Kumârajîva, dans le second volume de la même série. Ces caractères sont le plus souvent isolés, une simple lettre à valeur magique. Nous constatons que la lettre *Ra* domine et l'on peut voir par le commentaire qu'elle est considérée comme le symbole du feu, dont la production est évoquée à tout instant au cours des cérémonies que décrit notre livre.

Ici se pose une première question. Sommes-nous en présence d'un texte chinois importé au Japon, ou d'une composition originale écrite en chinois par les Japonais? Nous croyons devoir nous rallier à la seconde opinion à cause des nombreuses fautes relevées dans notre livre, ainsi qu'on peut s'en rendre compte par la table de corrections qu'a bien voulu nous établir M. Maurice Courant, fautes qu'il paraît difficile d'attribuer toutes à des erreurs de copistes (qui auraient certainement été relevées et corrigées), et qui tiennent peut-être à des corruptions des caractères chinois adoptées par les Japonais. De plus, une note imprimée à la fin du IV⁰ volume nous apprend que cet ouvrage a été composé en 1272, d'après la tradition de la doctrine de Tshi-chô Daï-shi, de la secte de Mii-déra (sous secte de Tendaï), qui vécut à ce que l'on croit dans le courant du ix⁰ siècle de notre ère, et fut corrigé à la fin du xiii⁰ siècle par Djô-gon, prêtre du temple de Réi-oun-dji (secte Sïngon) à Yédo. Selon la même note, ce livre est en usage dans le temple (ou monastère) de Nishi-yama-riou, à Yôkawa, qui fait partie du groupe des monastères d'Eizan et appartient à la secte appelée *Anafouto de Tendaï*. Cette constatation ne manque pas d'une certaine saveur, car elle nous montre que le novice de Tchi-shikou-ïn avait trouvé sans doute le moyen de mettre sa conscience en repos en livrant le rituel de la secte concurrente au lieu de celui de la sienne propre. Au Japon, comme ailleurs, il est avec le ciel des accommodements.

Le titre général de l'ouvrage est Sɪ Dô « Quatre Rites ». C'est en réalité le Manuel du prêtre officiant dans les quatre principales cérémonies du bouddhisme ésotérique et mystique, ou *Kâla-cakra*. Ce terme de *Dô* nécessite une explication. D'après les dictionnaires il signifie « étage, classe, degré, chemin, rite ». Nous avons hésité longtemps entre les termes « chemin et rite ». Le premier rentrait mieux, à ce qu'il nous paraissait, dans la terminologie habituelle du bouddhisme ; mais cependant il ne semble pas que les cérémonies dont il est question constituent à proprement parler des « chemins » dans le sens usuel de ce mot, quoique, en réalité, comme nous le verrons par la suite, l'accomplissement des actes qui les composent aient bien pour but et pour résultat de faire parvenir l'officiant à l'état de Bouddha, et qu'on puisse par conséquent les assimiler à des « chemins de salut ». Nous nous sommes définitivement arrêtés au terme « Rite » parce qu'il s'agit en somme d'une série de rites constituant une cérémonie particulière. Toutefois M. Toki a vivement insisté sur le sens de « degré » que présente le mot *Dô*, chacune des quatre cérémonies constituant une progression et impliquant pour le prêtre un degré d'initiation de plus en plus élevé.

Le premier volume porte le titre de *Taïdzô-Kaï shi-ki* et se compose de quarante-six doubles feuillets ; le second, intitulé *Kongô-Kaï shi-ki*, a le même nombre de feuillets ; ce sont les deux cérémonies les plus importantes ; le troisième, *Goma shi-ki*, n'a que trente-quatre feuillets et demi ; enfin le quatrième, *Djou-hatchi dô*, n'en contient que trente-trois. Le cinquième volume constitue une sorte d'atlas de figures représentant les divers gestes de l'officiant, chaque geste étant accompagné d'une courte formule dont nous donnons la traduction et la transcription en japonais et, au dessous, en chinois. C'est en réalité à ce dernier volume seulement que s'applique notre commentaire. Nous pensons que malgré sa concision il présente un double intérêt : faire connaître ce que sont ces cérémonies, on peut dire magiques, du bouddhisme mahâyâna mystique dont l'existence est à peine signalée par quelques auteurs européens qui n'ont pu avoir sur elles que de vagues données, et servir de clef pour parvenir à traduire les quatre volumes du texte qui nous livreront sans doute le secret des formules magiques appelées *mantras*, *dhāranīs* et *bījas*, leur but et les cas spéciaux où chacune d'elles doit être employée.

Les quatre Rites, dont le *Si-Dô* est le manuel, ne sont pas, comme on pourrait peut-être le supposer, exclusivement japonais. Trois d'entre eux au moins, ceux de *Taïdzô-Kaï*, de *Kongô-Kaï* et de *Goma*, appartiennent au rituel du bouddhisme tântrique indien, où — à défaut d'une description qui n'a jamais encore été faite — ils sont désignés sous les noms bien connus de *Garbhadhâtu*, de *Vajradhâtu* [1] et de *Homa*, et figurent également dans le rituel magique du lamaïsme tibétain [2] ; seul le *Djouhatchi Dô* ne paraît pas avoir de correspondant indien ou tibétain, et on pourrait peut-être le considérer comme une forme abrégée (quelque chose comme une messe basse) du Taïdzô-Kaï ; peut-être aussi lui découvrira-t-on un équivalent lorsque les rituels du Népâl et du Tibet seront mieux connus. Un fait intéressant à noter, c'est que ces doctrines et ces rites mystiques qui, selon la tra-

---

1. Le *Garbhadhâtu* et le *Vajradhâtu* constituent les deux sections les plus importantes des écritures népâlaises. Selon la légende, leur auteur, Nâgârjuna, en aurait reçus la révélation du Bouddha Vajrasattva. — L. A. Waddell, *Lamaïsm*, p. 144.

2. Le lamaïsme orthodoxe réprouve et méprise ces pratiques magiques, qui ne sont employées que par les sectes hérétiques des Lamas rouges (Renseignement verbal du Tsanit Khanpô-Lama Agouan Dordji). — On sait d'ailleurs que l'usage des charmes a été formellement condamné par le Bouddha (Eug. Burnouf, *Lotus*, app. II, pp. 468-471.)

dition des sectes de Tendaï et de Sïngon, ont été importés au Japon par des prêtres venant de Chine, n'ont laissé que peu de traces dans ce dernier pays [1] et ne sont plus en honneur, à ce qu'il semble, qu'au monastère célèbre de Thien-taï.

Les quatre rites de Taïdzô-Kaï, de Kongô-Kaï, de Goma et de Djou-hatchi Dô, représensent-ils quatre cérémonies indépendantes ou quatre phases d'un seul et même sacrifice? L'exposition préliminaire de M. Toki n'est pas très claire à cet égard. En effet, d'un côté il explique le terme *Si-Dô* par « quatre degrés ou classes d'initiation par lesquels les prêtres doivent passer successivement pour parvenir aux différentes dignités de la hiérarchie sacerdotale », ce qui laisserait supposer que chacun de ces rites constitue une cérémonie distincte d'une sainteté et d'une portée de plus en plus grandes et dont la célébration est réservée à une classe spéciale de prêtres, tandis que, de l'autre côté, il semble bien — au moins d'après les doctrines Sïngon et suivant l'ordre adopté par cette secte — qu'il s'agisse de quatre phases d'un seul sacrifice. Cependant une étude attentive de ces cérémonies nous montre qu'elles ont non seulement un fond commun, mais encore qu'elles renferment de telles et si nombreuses répétitions d'intentions et d'actes qu'il n'est guère possible qu'elles doivent se succéder obligatoirement sans interruption. Il y a donc lieu d'admettre, croyons-nous, que les quatres rites sont indépendants et peuvent se célébrer isolément ou consécutivement selon les circonstances ou la volonté de l'officiant. Il en est, du reste, ainsi dans le rituel tibétain.

Le caractère de ces cérémonies est nettement magique,

---

[1]. Voir à ce sujet J.-J. M. de Groot : *Le Code du Mâyâyana en Chine.*

puisqu'elles ont pour but de procurer à l'officiant, au moins momentanément, des pouvoirs surnaturels ; mais, contrairement à ce qui se passe dans les rites du *Kâlacakra* népalais et tibétain et dans ceux du tântrisme brâhmanique qui visent principalement à l'obtention d'avantages matériels et personnels, la magie du tântrisme japonais est d'une nature remarquablement pure et élevée dans ses aspirations, marquée au coin de l'altruisme le plus absolu. En effet, en accomplissant les rites du Djouhatchi Dô, du Taïdzô-Kaï et du Kongô-Kaï, le prêtre a pour objectif non seulement de rendre hommage aux Bouddhas et autres divinités, mais encore et surtout d'acquérir véritablement les qualités physiques et spirituelles des Bouddhas, leurs vertus et leur puissance, de s'unir intimement au *Bouddha essence,* de faire que ce Bouddha prenne résidence dans sa propre personne, en un mot, de devenir pendant la durée du sacrifice une *incarnation* réelle du Bouddha, et cela non seulement en vue de son avantage personnel afin de faire un pas de plus sur le chemin du Nirvâna, mais pour le bien actuel et futur de tous les hommes, de tous les êtres, de la nature entière, afin d'effectuer leur union avec le Bouddha et de réaliser l'axiome fondamental des sectes de Sïngon et de Tendaï : « Les Bouddhas, les Êtres et l'Univers ne font qu'un. » Quant à la cérémonie de Goma, c'est un holocauste, le *Homa* védique, l'antique sacrifice à Agni, c'est-à-dire au feu du foyer domestique « en qui tous les dieux sont renfermés [1] », accompli d'une manière à peu près identique à celle qui est observée encore aujourd'hui par les Brâhmanes orthodoxes, ou *Smarta,* dans leur Sandhyâ matinale, telle que la décrivent A.

---

1. *Rig-Véda*, V, 3, 1.

Bourquin [1] et sir Monier Williams [2] : préparation du foyer, entretien du feu au moyen de combustible consacré, offrandes de choses comestibles, invitation aux diverses divinités d'assister au sacrifice, tout nous rappelle le plus saint et le plus obligatoire des sacrifices brâhmaniques [3] ; il n'y manque que la Gâyatrî et les invocations tirées du Véda, qui sont remplacées par des Mantras dont malheureusement nous ne possédons pas la traduction. En réalité, le Goma est une sorte de banquet offert aux Bouddhas, aux Bodhisattvas et aux dieux des diverses catégories, auquel la pitié et la charité bouddhiques font participer même les démons, les Prêtas et les misérables habitants des enfers.

Si la cérémonie de Goma est presque totalement identique au Homa, les trois autres rites présentent aussi des similitudes frappantes avec le rituel des sacrifices brâhmaniques. Nous y relevons, en effet, plusieurs des phases principales de ces sacrifices : l'énonciation du but de la cérémonie, l'invitation adressée aux dieux d'y assister, les purifications du sol, du temple, des offrandes et de la personne de l'officiant, l'usage de la conque et de la sonnette sacrées, enfin la succession des offrandes d'eau, d'aliments, de fleurs, de parfums, de lumières. Un autre point de ressemblance à noter est l'importance donnée au feu (la mudrâ du feu ne se répète pas moins de dix-sept fois dans le Taïdzô-Kaï) personnifié fréquemment sous le nom de *Ka*, le pronom interrogatif sanscrit *Qui?*, lequel par une fortune bizarre est devenu pour les brâh-

---

1. *Brahma-Karma ou Rites sacrés des Brâhmanes,* chapitre intitulé *Sacrifice Vaiçvadevah.* — Annales du Musée Guimet, t. VII.
2. *Religious thought and life in India,* p. 366.
3. Voir au sujet du rôle du feu domestique dans le Bouddhisme, Eug. Burnouf, *Introduction à l'histoire du Bouddhisme indien,* p. 21.

manes, dès la plus haute antiquité, un *Deum ignotum* éternel, tout puissant, créateur et souverain maître du monde et des autres dieux [1] ; les bouddhistes japonais, à la vérité, expliquent qu'il s'agit du feu de l'intelligence et de l'amour des Bouddhas qui brûle et détruit l'ignorance et le péché, mais il n'en reste pas moins qu'ils reconnaissent et vénèrent sous les noms de *Ka*, *Ka-ten*, et *Ka-yen* un dieu du feu identique à Agni, qui préside au quartier du Sud et gouverne la planète Mars. Nous constatons aussi dans le Djou-hatchi Dô (mudrâ 355, p. 158) l'édification de *murs de flammes* qui ont une ressemblance extraordinaire avec les constructions de flammes dont il est souvent question dans le Véda.

Il est également une remarque intéressante à faire en ce qui concerne ces quatre rites ou cérémonies, c'est qu'il n'est pas indispensable pour leur célébration que le temple, l'autel, les images saintes, les offrandes existent en réalité; à leur défaut le prêtre y supplée en créant toutes ces choses de toutes pièces par la méditation, les formules sacrées et les mudrâs.

En dehors du rituel, notre ouvrage nous fournit encore des renseignements précieux pour la connaissance des

---

1. « Dans le Taittiriya, le Kauśitaki, le Tandya et le Çatapatha Brâhmanas, toutes les fois qu'il se rencontre des passages interrogatifs, l'auteur déclare que *Ka* (Qui ?) est Prajâpati, ou le Seigneur des créatures....... Au temps de Pânini ce mot était suffisamment entré dans la terminologie religieuse pour qu'il fût nécessaire de faire une règle spéciale afin d'expliquer sa formation. A cette époque, le commentateur identifie *Ka* à Brahma (neutre). Après cela il serait difficile de trouver étrange que, dans la littérature sanscrite postérieure des Purânas, *Ka* se présente comme un dieu reconnu, un dieu suprême ayant sa généalogie et peut-être même son épouse.......... Le Mahâbhârata identifie *Ka* à Dakśa et le Bhâgavata-Purâna à Kaçyapa, sans doute à cause de la grande puissance génératrice de ces deux personnages et de leur ressemblance avec Prajâpati. » A. Dowson : *A classical dictionary of Hindu Mythology*, p. 136. — G. Stréhly (*Lois de Manou*, II, 58) identifie aussi *Ka* avec Prajâpati.

doctrines, des idées et du culte dans le bouddhisme mystique du Japon, en nous permettant de constater quels sont les Bouddhas, les Bodhisattvas et autres divinités auxquels son culte s'adresse. D'après ce que nous savons du bouddhisme tântrique indien et tibétain, cette forme religieuse est caractérisée par la multiplicité à l'infini des Bouddhas, des Bodhisattvas et des dieux de toutes catégories ; cependant, d'après notre livre, il semblerait qu'il en allât tout autrement dans le bouddhisme mystique japonais. Nous voyons bien qu'il y est question de Bouddhas en nombre incommensurable, des Bouddhas des Dix-Quartiers du Monde, des Dix Mondes, des Trois mille mondes, mais ils ne reçoivent qu'une adoration vaguement collective et dans cette multitude on ne cite pas un seul nom en dehors de ceux des cinq *Nioraïs*, les Dhyâni-Bouddhas du Mahâyâna indien, ou Bouddhas essences de qui émanent tous les autres Bouddhas : *Daï Niti* (Vairocana), *Ashikou* (Akšobhya), *Amida* (Amitâbha), *Hôchô* (Ratna-Sambhava) et *Foukou-djô-djou* (Amogha-siddha). C'est à eux seuls, et surtout à Daï Niti, que s'adresse le culte du Djou-hatchi Dô, du Kongô-Kaï et du Taïdzô-Kaï ; Çâkya-mouni lui-même, considéré comme une simple émanation d'Amida, n'est même pas mentionné, et si son nom figure deux fois dans le commentaire de M. Toki, ce n'est que pour faciliter l'explication de deux mudrâs au moyen de la légende généralement bien connue du fondateur historique du bouddhisme. De ces cinq Nioraïs un seul est réellement éternel et *existant par lui-même* [1], Daï Niti qui cumule les fonctions de Vairocana avec celles d'Adi-Bouddha

---

[1]. Comparer avec le Svayambhu brâhmanique. Daï Niti, de même que l'Adi-Buddha du Népal, paraît être l'équivalent de Brahma (neutre) et de Prajâpati.

absolument inconnu des Japonais ; en lui est incarné
l'ensemble des quatre Vertus et des quatre Intelligences
primordiales du bouddhisme personnifiées dans ses quatre
acolytes, qui ne sont par le fait que des émanations de
l'Intelligence suprême de ce Bouddha unique [1]. Remar-
quons aussi en passant que ces quatre Dhyâni-Bouddhas
sont investis, au Japon, des fonctions les plus hautes qui
soient dans l'univers matériels, celles de protecteurs
des quatre points cardinaux, fonctions attribuées par le
bouddhisme indien aux quatre Mahârâjas qui devien-
nent ici de simples agents subalternes des Nioraïs.

Il en est des Bodhisattvas absolument de même que
des Bouddhas. Le *Si-dô* ne manque pas de mentionner
leur nombre immense et de leur adresser une respec-
tueuse adoration collective, mais, à part Maitrèya le
Bouddha futur, il ne s'occupe réellement que des Dyâni-
Bodhisattvas, fils spirituels, émanations ou reflets et, en
tout cas, personnifications des énergies actives des Dhyâni-
Bouddhas. Et encore parmi ceux-ci n'y en a-t-il que deux
qui jouent un rôle important, *Fouguen* (Samantabhadra),
émanation et personnification de la sagesse et de l'intelligence suprême de Daï Niti, et *Kongô-Satt'a* (Vajra-
sattva). Ce dernier, considéré au Japon comme le Dhyâni-
Bodhisattva d'Ashikou, est placé au rang des Bouddhas
suprêmes par le bouddhisme indien qui en fait un sixième
Dhyâni-Bouddha, président de ce groupe, et le confond
souvent avec Adi-Bouddha, qu'il remplace du reste au
Tibet. Il est à remarquer que *Kouan-on* (Avalokitêçvara),
la grande divinité populaire du Japon bouddhique, n'est

1. Cette conception des bouddhistes japonais apporte un appui nouveau
à l'opinion que, à part Çâkya-mouni dont l'existence historique ne peut être
mise en doute, les Bouddhas, les Bodhisattvas et même la plupart des dieux
du bouddhisme ne sont que des personnifications d'idées.

nommé qu'une seule fois. Notons aussi l'introduction insolite des quatre Bodhisattvas féminins de Joie ou de Musique, de Guirlandes ou de Fleurs, de Chant et de Danse, chargés de récréer les Bouddhas. Il paraît probable que ces Boddhisattvas féminins sont en réalité des Apsaras.

Les dieux qui apparaissent dans le *Si-dô* appartiennent aux trois catégories des *Mio-hôs* [1], des *Tens* [2] et des *Djins* [3]. A part le dieu *Ka* ou *Ka-ten* qui joue un rôle important dans l'office de Goma, et dont nous avons parlé précédemment, les seuls qui entrent en scène sont les Mio-hôs représentés par *Foudô, Aizen Mio-hô* et *Gosanzé*. Les deux premiers sont des divinités d'origine çivaïte, des formes terribles de Çiva; ce sont les deux seules traces certaines du Çivaïsme que nous relevions dans notre livre. *Foudô*, en sanscrit *Acala*, « l'immuable », est indiqué par Waddell comme l'équivalent du dieu-démon Hayagriva : dans le bouddhisme japonais il est considéré comme une émanation de Daï Niti et l'incarnation de son Intelligence suprême au même titre que Samantabhadra, seulement c'est par la violence qu'il la fait se manifester. Quant à Gosanzé, on peut s'étonner de le voir classé parmi les Mio-hôs, car c'est en réalité un Bodhisattva qui paraît dans le Lotus de la Bonne Loi sous le nom de Trailokyavijâya. M. Toki traduit son nom « Vainqueur des trois vies »; nous croyons qu'il serait plus exact, d'après sa forme sanscrite, de le traduire par « Vainqueur dans les trois mondes », *loka* « monde », n'ayant pas que nous sachions le sens de vie.

En outre, de ces grands dieux nous trouvons, mais cités collectivement, les quatre Gardiens du monde

---

1. Mahâdêvas, grands dieux lumineux.
2. Dêvas, dieux célestes.
3. Dieux terrestres et locaux et hommes divinisés.

(Mahârâjas), nommés ici le *Brave de l'Est*, le *Destructeur boréal de la crainte*, le *Gardien de l'Ouest vainqueur des démons* et le *Gardien universel, sans patience, du Sud*, auxquels on adjoint comme auxiliaires huit *Mou-no-chô Shougôs*, « Gardiens invincibles », et autant de *Sô-kô Shougôs*, « Gardiens de face », divinités dont on ne trouve pas de traces dans le bouddhisme indien et tibétain ; les douze *Sé-tens*, dieux des huit points du compas, du Zénith, de la terre, du soleil et de la lune ; les dieux des douze *Kious* ou signes du Zodiaque, ceux des vingt-huit *Chikous* ou constellations et des neuf *Yô-chôs* ou planètes.

Les nombreux Bouddhas, Bodhisattvas et dieux du bouddhisme japonais sont, on le voit, traités en comparses.

Notre commentaire renferme un certain nombre de termes et de mots sanscrits ou soi-disant tels, qui, les uns, figurent dans le texte original, les autres sont donnés par le commentateur à titre d'explication. Ces termes sont presque toujours plus ou moins déformés par leur passage du sanscrit en chinois et du chinois en japonais, ou bien ils sont donnés en traductions fautives, ou encore expliqués par des étymologies fantaisistes, telles que celles de *San-ghé*, soi-disant composé du sanscrit *san* et du chinois *ghé*, de *san-ma*, de *ma-ta*, de *dan* dans la formule *daï-rin-dan*, etc.[1]. Quelquefois, cependant, la

1. Eugène Burnouf a signalé de ces déformations et de ces erreurs de traduction ou de transcription qui ont fini par être acceptées dans les contrées où le bouddhisme s'est implanté. « C'est à dessein que je n'ai pas parlé ici des traductions radicalement fautives de quelques mots sanscrits importants qu'on remarque dans les versions tibétaines, parce que ces traductions se retrouvent également chez tous les peuples bouddhistes. Elles partent donc d'un système unique d'interprétation qui appartient aux diverses écoles entre lesquelles le bouddhisme se partage, et, conséquemment, elles ne relèvent pas de la critique interprétative, mais de la critique philosophique et historique. Il y a telle mauvaise étymologie qui a pu être adoptée pour répondre à un

déformation est assez transparente pour permettre de restituer sûrement le mot sanscrit, comme par exemple *Kada* pour *gâthâ*, *Karouma* pour *Karma*, *Akka* pour *argha*, *Sammadji* pour *Samâdhi*, *Sammaya* pour *samaya*. Notons en passant pour ces trois derniers mots le redoublement de la consonne médiale qui leur donne une allure pâlie, bien qu'il soit généralement admis que le canon pâli n'a pas été connu des Japonais, encore qu'ils prétendent que leurs deux sectes les plus anciennes, celles de *San-ron* et de *Kousha*, appartiennent à l'école Hinayâna. Le terme *Samaya*, indépendamment de sa forme, mérite de nous arrêter quelques instants. M. Toki lui attribue le sens de « vœu fondamental » et aussi de « congrégation, confrérie » qui peut, en effet, se justifier par une extension de sa signification usuelle de « convention, contrat, engagement » ; mais, en réalité, ces deux acceptions ne s'appliquent d'une manière satisfaisante que dans un petit nombre de circonstances, dans l'expression de *Samaya de Bouddha*, par exemple, et ne paraissent plus être de mise lorsque nous rencontrons des formules telles que : *Samaya de lotus*, *Samaya de colère*, *Samaya de Gosanzé*, etc. Il me semble que, dans ces cas, *Samaya* implique soit une idée d'union intime, soit une idée d'état. Ce sens me paraît imposé par le contexte, bien que je n'ai pu découvrir nulle part une autorité sur laquelle l'appuyer. Il est encore une expression, ou plutôt une formule, que M. Toki donne comme sanscrite et qu'il m'a été impossible de reconstituer ; c'est la formule *On ton* qui revient à plusieurs reprises dans les trois cérémonies de Taïdzo-Kaï, de Kongô-Kaï et de Djou-hatchi dô. Je

ordre d'idées qu'elle favorisait, sans que le traducteur qui lui donnait cours fût coupable d'infidélité envers le texte (*Introduction à l'histoire du bouddhisme indien*, p. 25).

supposais, mais sans oser l'affirmer, que c'était un mantra. Lorsque le Khanpo-Lama Agouan Dordji vint au au musée Guimet, au mois de juillet de l'année dernière, je lui demandai l'explication de cette formule. Bien qu'il se fut refusé précédemment à me donner des renseignements sur les rites magiques, il répéta en souriant les mots *On ton* et, faisant exactement le geste décrit par notre manuel, me dit seulement « dhâranî ». Puis, comme j'insistais, il voulut bien me dire que c'étaient, en effet, deux mots sanscrits. C'était donc bien, comme je le présumais, une de ces formules mystérieuses dont le sens secret nous échappe et que nous révélera peut-être la traduction du *Si-dô*.

Les termes sino-japonais de cet ouvrage sont tous expliqués aussi complètement qu'il m'a été possible, soit par le texte du commentaire soit par les notes ; aussi n'aurai-je à faire à leur sujet que les quelques remarques suivantes :

Le terme *Sin gon*, « vraie parole », désigne à la fois les mantras, les dhâranîs et les bijas.

Notre commentaire emploie indifféremment les expressions *Ké* et *Ghé* pour rendre le sanscrit *gâthâ*. Je crois cependant qu'il y a lieu d'établir une différence entre ces deux mots et qu'il faut traduire *Ké* par *gâthâ*, et *Ghé* par *gêya*. *Ghé* désignerait par conséquent un poème à la louange des Bouddhas et *Ké* chacune des stances composant ce poème, mais pouvant être chantée isolément.

Le mot *San*, que nous avons traduit par « louanges ». parait être la traduction ou l'équivalent du sanscrit *Udâna*, que Burnouf traduit « paroles de joie, paroles de louanges, hymne de joie [1] ».

---

1. *Introduction à l'histoire du Bouddhisme indien*, p. 58.

L'acte de purification appelé *Djou-ni Koushi dji shïn in*, « sceau des douze parties du corps », présente une grande analogie avec les *Nyâsas* brâhmaniques, qui consistent à consacrer les diverses parties du corps à des divinités spéciales.

Le rite de *Shou chiki Kaï dô,* qui consiste à tracer effectivement ou mentalement des lignes séparant les places occupées par chaque Bouddha dans le Mandara, doit être identique aux enceintes tracées en forme de damier que signale Eugène Burnouf [1].

Enfin, il est à remarquer, que la transcription chinoise des termes Samaya et Sāmadhi se présentent sous la double forme de *San-mo-yé* et *San-mei-yé, San-mo-ti* et *San-mei-ti,* qui semble être employée indifféremment.

Outre l'intérêt que nous pouvons avoir à connaître par le détail ces cérémonies, jusqu'à présent tenues secrètes, du bouddhisme mystique, la publication du *Si-dô* paraît devoir contribuer à résoudre le problème de la date de l'éclosion de l'école *Kâla-Cakra*, qui a poussé ce système jusqu'aux exagérations que l'on constate dans le culte népalais et tibétain. On a proposé pour son apparition la date du xe siècle de notre ère. Si la doctrine dont le Si-dô nous révèle les rites a été importée au Japon par les fondateurs de Tendaï et de Sïn-gon, cette date devra être reportée à une époque sensiblement antérieure, peut-être même jusqu'au vi^e ou viie siècle, car Kôbô Daïshi, fonda la secte Sïn-gon en 806. Il y a là un problème intéressant à résoudre et dont on trouvera sans doute les éléments dans les archives des temples japonais. D'un autre côté, les similitudes que l'on peut relever entre ce rituel et ce que nous connaissons de celui des temps védiques,

---

1. *Lotus de la Bonne Loi*, notes, p. 363.

l'importance conservée au culte du feu, la présence parmi les dieux du bouddhisme de divinités exclusivement védiques ou de l'ancien brâhmanisme, semblent indiquer pour le bouddhisme une antiquité supérieure à celle qu'on lui accorde habituellement, du moins par rapport avec le brâhmanisme sectaire ou indouisme, hypothèse que Burnouf (*Lotus*, appendice II, p. 490) a émise en ces termes : « Çâkyamuni a paru dans l'Inde à un moment des croyances brâhmaniques beaucoup plus rapproché de l'âge des Védas que de celui des Purânas. »

14 septembre 1899.

L. DE MILLOUÉ.

SI-DO-IN-DZOU

ou

SCEAUX DE QUATRE RITES

La section des Écritures bouddhiques appelée *Si-dô* [1] traite des Instructions, Doctrines, Dogmes et Rites relatifs aux divers degrés ou classes d'Initiation par lesquels doivent passer successivement, pour parvenir aux différentes dignités de la hiérarchie sacerdotale, les prêtres qui suivent et pratiquent l'Enseignement Ésotérique du bouddhisme. Ces degrés sont au nombre de quatre, ayant chacun ses rites particuliers. Le terme Si-dô est donc le nom générique des rites de ces quatre degrés ou classes.

Il existe deux méthodes pour le classement de ces quatre degrés de rites :

I. — La méthode adoptée par la secte Sïngon qui les place dans l'ordre suivant :

1° *Djou-hatchi-dô*, « dix-huit rites », ainsi nommé parce que la cérémonie de ce premier degré comprend dix-huit In, ou sceaux (en sanscrit : mudrâ) [2];

---

1. Si, « quatre »; dô, « étage, classe, degré, chemin, rite ».
2. Le sceau (In et mudrâ) est le geste mystique que fait le prêtre pour donner une forme sensible et matérielle à la formule sacrée et en affirmer, en quelque sorte, le sens et la valeur.

2° *Kongô-kaï* (en sanscrit : vajra-dhâtu) [1], « degré de la foudre ou du diamant » ;

3° *Taïdzô-kaï* (en sanscrit : Garbha-dhâtu) [2], « degré de la forme ou de la matrice » ;

4° *Gô-ma*, terme sanscrit qui signifie « flamme, brûler » [3].

II. — La méthode suivie par le livre que nous avons sous les yeux, qui est celle de la secte appelée Anafoutô de Téndaï, et diffère de la précédente en ce qu'elle place au premier rang le rite de *Taïdzô-kaï ;* au second, celui de *Kongô-kaï ;* au troisième, celui de *Gôma*, et seulement au quatrième le *Djou-hatchi-dô*.

Cet ordre est considéré par la secte Sïngon comme irrégulier et contraire au bon sens, attendu que le Djou-hatchi-dô renferme les rites préliminaires ; le Kongô-kaï, les rites relatifs à l'acquisition de la qualité de Bouddha ; le Taïdzô-kaï, les rites de la perfection que l'on ne peut atteindre qu'après l'arrivée à l'état de Bouddha ; et, enfin, que le Gôma se compose de rites purement cérémoniels en vue de détruire le mal et d'assurer le salut du monde. Cet ordre est donc le seul rationnel.

Néanmoins, comme ce n'est pas ici le lieu de se livrer à une critique des doctrines de la secte Téndaï, et aussi pour ne pas dérouter les lecteurs, nous suivrons dans ce commentaire l'ordre du livre que possède le Musée Guimet.

Le bouddhisme se divise en deux grandes écoles appelées Kéngniô [4], « doctrine exotérique », et Mikiô [5], « doctrine ésotérique ».

---

1. Vajra, « foudre » ; dhâtu, « élément, substance ».
2. Garbha, « embrion, matrice ».
3. Ce terme n'est pas sanscrit. Il y a là évidemment, une erreur de traduction ou de transcription du sanscrit en chinois, ou du chinois en japonais ; mais l'objet de cette cérémonie et l'ensemble de ces rites permettent, je crois, de l'identifier au sacrifice appelé *Homa*, ou holocauste védique.
4. Hinayâna, « petit véhicule ».
5. Mahâyâna, « grand véhicule ».

L'école Kéngniô enseigne la théorie de la doctrine, mais n'apprend pas quels sont les actes à accomplir et les degrés de sagesse [1] à acquérir pour devenir Bouddha. Seule l'école Mikiô enseigne les actes qui produisent l' « Incarnation de la Bôdaï » (en sanscrit : Bodhi) [2]. Ces Actes d'Incarnation constituent l'enseignement du San-mitsou.

Qu'est-ce donc que le San-mitsou?

Le San-mitsou, ou « Trois Mystères », consiste en actes de trois ordres différents :

1° Actes de *Kouan-nén*, « méditation », c'est-à-dire la méditation sur la raison d'être des grandes lois bouddhiques ;

2° Actes de *Sin-gon*, « vraie parole », récitation minutieusement exacte des paroles des Dhâranîs, formules sanscrites qui possèdent des pouvoirs sans limites [3] ;

3° Actes de *Si-In*, « main-sceau », consistant à faire avec les doigts des Sceaux (*mudrâ*, signe mystique et cabalistique), en vue d'acquérir, dans cette vie même, la qualité de Bouddha.

Les actes par lesquels le prêtre devient une incarnation de Bouddha consistent donc à accomplir ces trois mystères ; mais nous ne nous occuperons ici que du troisième, celui des Sceaux.

Pour être initié à ces mystères, il faut, avant tout, avoir

---

1. Ici le mot « sagesse » est pris dans le sens exact de la Σοφία des Grecs.
2. C'est-à-dire la pénétration de la Bodhi (science parfaite, sagesse) dans l'esprit de l'homme.
3. Le sens de ce terme est « qui possède ou renferme une grande efficacité ». On désigne également ces formules magiques par le nom de *Mantra*. Eugène Burnouf (*Introduction à l'histoire du Bouddhisme indien*, p. 540) déclare n'avoir pu découvrir de différence entre un Mantra et une Dhâranî « si ce n'est que le Mantra lui a toujours paru plus court que la Dhâranî ». D'après le même auteur (*l. c.*) « les Dhâranîs forment d'ordinaire une phrase intelligible, terminée par des monosyllabes bizarres qui n'ont généralement aucun sens ». Il en aussi qui sont complètement incompréhensibles. Il semble que le Mantra soit plutôt une prière ou une invocation et la Dhâranîs une formule cabalistique agissant victorieusement sur la volonté des Bouddhas et des dieux. Quoiqu'il en soit, dans la pratique, ces deux termes se remplacent mutuellement.

fait preuve de fidélité à la religion bouddhique et de foi inébranlable au Bouddha, faute de quoi l'initié et l'initiateur encourent également le châtiment réservé par le Bouddha aux violateurs des mystères.

Alors ! ne contrevenons-nous pas à cette loi bouddhique en expliquant la théorie des Sceaux? Non. Nous ne commettons aucune transgression. Les savants n'étudient pas le bouddhisme pour le tourner ensuite en dérision : ils veulent s'instruire afin de connaître la loi du Bouddha dans toute sa profondeur; nous ne violerons donc aucune loi de notre religion en faisant ce commentaire explicatif du Mystère des Sceaux, afin d'instruire des hommes dévoués à la science et respectueux du Bouddha.

Nous devons, cependant, présenter ici une observation : le bouddhisme est, avant tout, une loi morale, de sorte qu'il commettrait un acte insensé celui qui pratiquerait le rite, d'après les règles expliquées dans un livre, sans se soumettre à la méditation des lois bouddhiques. Ceci est un avis important.

Le Kégon-kiô [1] dit : « Un est tout », ce qui signifie qu'une simple formule peut posséder une vertu immense. Notre commentaire explique chaque formule. Quand nous disons qu'un Sceau [2] peut renfermer une vertu immense, c'est que, lorsque l'officiant fait ce sceau après avoir médité ainsi qu'il convient, ses effets miraculeux se produisent spontanément. Chaque sceau est expliqué en particulier.

Pour la célébration du rite des Lois Mystérieuses, il est nécessaire que tous les éléments du rite, tels que : le terrain, l'édifice, l'autel, les points cardinaux [3], le choix du

---

1. Livre de Kégon, « Avataṃsaka-sûtra » attribué à Nāgārjuna. Ce livre a donné son nom à la secte Kégon, fondée en Chine par Tô-jun Daï-shi et importée au Japon, en 736, par Dô-sén.
2. Représentation sensible de la formule.
3. Orientation du temple et de l'autel.

jour [1], le costume, l'alimentation (du prêtre), les objets du culte, les offrandes, la décoration de la salle, etc., soient au complet et conformes aux règles. Outre toutes ces formalités matérielles, il est indispensable que l'officiant ait une foi solide en sa religion. Alors seulement peuvent se produire les effets miraculeux résultant de l'exécution du Rite des Lois mystérieuses. Il ne faut donc pas s'imaginer qu'on puisse accomplir les rites des lois mystérieuses en connaissant seulement le sens des sceaux.

Encore une observation. Un même sceau peut varier de signification suivant les circonstances où on le forme. Ainsi, par exemple, le sceau de Boutsou-tchô, « Sceau du Front de Bouddha », est le même que celui de Shin-tchi-mou-chô, « Sceau pour rendre le cœur sans naissance », qui se fait sur le cœur, afin de méditer sur le principe de « non-naissance » et de « non-destruction ». Beaucoup d'autres sont dans le même cas, parce que le sens d'un même sceau varie suivant les paroles [2] que prononce l'officiant et la méditation à laquelle il se livre.

Le mot In, « Sceau », est pris dans le sens de « signe d'une résolution bien arrêtée », ainsi qu'on scelle d'un cachet un contrat solennel. Le sceau n'est donc qu'une formule matérielle employée pour affirmer la résolution de devenir Bouddha.

Dans la théorie des sceaux, la main droite symbolise le « Monde des Bouddhas », et la main gauche le « Monde des hommes ».

Chaque doigt a une valeur particulière :

Le pouce signifie l' « espace infini, le vide ou l'éther » [3] ;

L'index symbolise l'élément « air » ou « vent » ;

Le médius est l'élément « feu » ;

---

1. Il y a des jours fastes et néfastes déterminés, généralement, par la position des astres.

2. Mantras et Dhâranis.

3. Dans la terminologie bouddhique, l'éther est considéré comme un élément et identifié au vide.

L'annulaire représente l'élément « eau » ;
L'auriculaire, l'élément « terre ».

Paris, le 10 décembre 1893.

Horiou TÔKI,
*Supérieur du Temple Singon de Mitani-dji,
province de Sanouki.*

SCEAUX DE TAÏDZÔKAÏ

(GHARBA-DHÂTU)

Le Taidzôkaï, ou « Monde de la forme », est la contrepartie du Kongôkaï ou « Monde de la Loi ». Les êtres qui l'habitent sont parvenus à l'État de Bouddha [1], mais reviennent en ce monde, par charité, afin de sauver les autres hommes ; ils sont les « égaux » des Bouddhas et « ne font qu'un avec eux ».

La première partie du livre traite des Sceaux que le prêtre officiant exécute, d'après certaines règles, lorsqu'il accomplit les rites devant le Mandara [2] de Taïdzôkaï.

KADJI-I

KIA-TCHI-YI

Purification des vêtements.

Le prêtre fait ce premier sceau avant de pénétrer dans le temple, afin de purifier les « vêtements de la Loi », ou ornements sacerdotaux. A cet effet, il doit tenir les vêtements de la main gauche, tandis que la

---

1. État des Bouddhas inférieurs qui ne sont pas encore parvenus au Nivâna complet et possédant un corps de matière éthérée, Nirmâna-Kâya.
2. En sanscrit : Maṇḍala, « cercle, circonférence, cercle magique destiné à recevoir les images des divinités ».

droite forme le sceau, qui consiste à fermer le poing, le pouce emprisonné dans les quatre doigts repliés. Le geste ainsi exécuté se nomme *Poing de Lotus* et symbolise le bouton de cette fleur. Ainsi que la fleur du lotus, qui croît dans la vase, s'élève au-dessus de cette vase pour n'en point subir la souillure, de même le prêtre doit purifier ses ornements souillés par l'attouchement des hommes.

NIOU BOUTSOU SAMMAYA

JOU-FO-SAN-MEI YÉ

Entrer dans le Samaya du Bouddha [1].

Geste qui se fait en appliquant les unes contre les autres les extrémités des quatre doigts des deux mains étendues, de façon à laisser entre les mains un léger espace, les deux pouces repliés et s'appuyant contre la base des index. Ce sceau, appelé *Chô Boutsou fou ni*, « les Bouddhas et les hommes ne font qu'un », marque que l'officiant est entré dans le Samaya du Bouddha, c'est-à-dire, a atteint la perfection afférente au Vœu fondamental [2].

HOKAI CHO

FA KIAI CHENG

Sceau de la production du Monde de la Loi. Appelé également *KA YEN CHO*. Sceau de la production de la flamme.

D'après une ancienne tradition venue de l'Inde et adoptée par le bouddhisme, le Corps du feu est

---

1. En sanscrit, *Samaya* signifie « convention, ordre, contrat, engagement » et, par extension « le vœu fondamental du Bouddha et de ses disciples » Ici il semble impliquer l'idée d'identification avec le Bouddha.

2. Vœu d'obtenir la Bodhi et de la faire obtenir à tous les êtres afin de les affranchir des liens de la transmigration.

triangulaire, aussi le sceau de *Hokai chô* consiste-t-il à former un triangle en réunissant les bouts des deux index étendus, les autres doigts demeurant fermés. Il symbolise la production du feu qui doit détruire tout ce qu'il y a d'impur dans le Monde de la Loi, et rendre ce monde saint et sacré.

TÉN HÓ RIN

TCHOAN FA LOEN

Roue tournante de la Loi.

La Roue tournante de la Loi [1] est la prédication des dogmes bouddhiques. Le mot Loi est pris ici dans le sens de « loi du bouddhisme », et Roue au sens figuré. En effet, la force ou la puissance de la prédication brise et détruit les mauvaises pensées et les jugements erronés ou malveillants, « comme une roue de fer écrase ce sur quoi elle passe ». L'expression « tourner et retourner la roue de la Loi » équivaut donc à celle de prêcher, de sorte que, en formant ce sceau de la Roue tournante de la Loi, en prononçant exactement la dhâranî [2] et en accomplissant parfaitement ce rite, le prêtre prêche véritablement ainsi qu'il le souhaite.

Le sceau consiste à réunir le dos des deux mains par les doigts entrelacés, les extrémités des pouces se touchant.

---

1. Expression que l'on explique généralement comme exprimant la « répétition incessante » des doctrines morales fondamentales du bouddhisme. Il est à remarquer qu'ici le sceau et la récitation d'une simple dhâranî équivalent à la prédication, tant pour le mérite qu'en retire le prêtre que pour l'avantage des êtres vivants. Au point de vue symbolique, la Roue est l'emblème du soleil et du feu chez les Indo-Européens.

2. Sans en altérer une seule lettre et avec l'intonation voulue.

KENJO BINAYAKIA

KHIEN TCHOU PI NA YE KIA [1]

Chasser Binayakia.

5

Binayakia [2], mot sanscrit ayant le sens d'« obstacle » (?) est le nom d'une divinité très puissante qui se plaît à accumuler les obstacles, le Ganéça à tête d'éléphant du brâhmanisme, habile à prendre des formes variées. Ce dieu est très malveillant pour les hommes qui suivent les chemins du bouddhisme, et, par conséquent, l'officiant doit le chasser avant de commencer la célébration de la cérémonie.

Le sceau se compose de deux Poings de Kongô [3] faits avec les mains unies par les « doigts de vent » [4], les pouces emprisonnés dans les trois derniers doigts repliés; il produit un « vent violent » qui force le dieu à s'enfuir.

---

1. Il y a ici une erreur dans le premier caractère. « yi » mis au lieu de « khien ».

2. Vinayâka, un des noms de Ganéça, dieu de la science et protecteur de la littérature. Il accumule les obstacles (ceux surtout de l'intelligence) quand il est mécontent, et les écarte quand il est satisfait. Les Brâhmanes l'invoquent en commençant toutes leurs entreprises et en tête de leurs livres. Les bouddhistes japonais distinguent deux Ganéças : l'un, incarnation de Daï-Niti Nioraï, fait partie du groupe des Gon-roui et est bienveillant; l'autre, d'origine çivaïque, appartient au groupe malfaisant des Zitsou roui. C'est de ce dernier qu'il est question ici; il habite le Binayakia-yama. D'après une légende, le Bodhisattva Kouan-on s'est transformé en femme pour le séduire et l'adoucir.

3. Kongô, en sanscrit Vajra, a le double sens de « foudre » et de « diamant, chose solide et brillante ». Ici, c'est le sens de « foudre » qui doit être adopté.

4. Les Index, symboles de l'air et par extension du vent.

HI KÔ
PEI KIA
Revêtir l'armure.

Hi signifie « couvrir » et Kô « armure ». Le dieu des obstacles étant écarté, le prêtre se couvre d'une armure, afin de se rendre invulnérable. C'est pourquoi le sceau a la « forme d'un casque ».

Il se fait avec les mains réunies, les deux derniers doigts repliés et couverts par les pouces, les médius étendus se touchant par leurs extrémités et les index appliqués sur la face dorsale des médius.

On donne aussi une autre explication de ce sceau : les annulaires et les auriculaires, repliés dans l'intérieur des mains, figurent le « corps de l'officiant » et les pouces, qui les recouvrent, symbolisent le « vide » ; ce qui signifie que le « vide existe autour du corps du prêtre ». Les médius dressés figurent deux « grandes flammes activées par le vent », que symbolisent les index. Ce sceau signifie donc que le corps de l'officiant est protégé par le vide et par une flamme ardente ; ce qui le rend inabordable et éloigne les démons, obstacles au parcours des « chemins du bouddhisme [1].

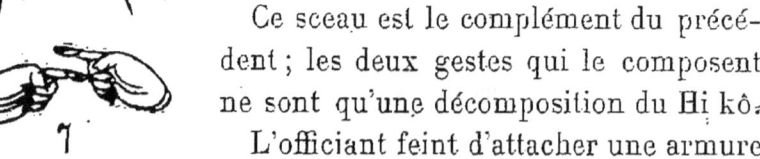

ZÉN IN
TSHIEN YIN
Attacher l'armure.

Ce sceau est le complément du précédent ; les deux gestes qui le composent ne sont qu'une décomposition du Hi kô. L'officiant feint d'attacher une armure

---

1. Les Huit bons Chemins exposés dans la troisième partie du dogme des Quatre Vérités excellentes, ou bien les Quatre Chemins du salut, correspondant aux états de Çrotapatti, Sakridagamin, Anagamin et Arhat.

avec des cordons. Après avoir délié le sceau précédent, il lève d'abord les index, les trois autres doigts de chaque main et les pouces étant repliés (ainsi que le montre le premier dessin), et les tourne trois fois l'un autour de l'autre (second dessin), en prononçant la formule sanscrite « On Ton »[1]. *On* signifie « éveiller », et *Ton*, « attacher, fixer ». Puis il fait le simulacre d'attacher des cordons, en répétant plusieurs fois ce geste sur différentes parties de son corps, par exemple, au nombril, à la jambe, au genou, à la poitrine, au cou, au front, etc.

TÔ BOUTSOU ZEN SAN-GHÉ KÉ
TAO FO TSHIEN TCHHAN HOEI KIÈ

Confession devant le Bouddha et récitation de la formule ké.

Après avoir revêtu l'armure, le prêtre se présente devant le Bouddha et confesse ses péchés.

Le mot San est une abréviation du sanscrit *sanma*[2], qui veut dire « regretter, confesser ses fautes », et le terme San-ghé est une combinaison du sanscrit San et du chinois Ghé, « faute ». La formule Ké[3] est citée dans le rite de Djou-hatchi Dô.

Ce sceau se nomme aussi *Kongô gô chô*, « jonction de mains de vajra » ; il se fait en ramenant devant la poitrine les deux

---

1. Il m'a été impossible de restituer la forme sanscrite de cette formule et d'en déterminer le sens. D'après le Tsanit-Khambo Lama Agouan Dordji, c'est une dhârani dont la signification ne peut être révélée.

2. *Sanma* n'existe pas en sanscrit. Suivant M. Toki, il faudrait y voir la racine *Sam* « être agité, troublé (par le péché) » et une finale purement euphonique, *Ma*. Au lieu de cette étymologie fantaisiste qui nécessite la combinaison anormale d'un mot sanscrit et d'un mot chinois, il paraît plus simple de prendre le japonais *San-ghé* dans son acception vulgaire de « confession » (littéralement « se repentir et se corriger »), sens que paraît confirmer le chinois *Tchhan hoei*.

3. *Ké* est la traduction japonaise du sanscrit *Gâthâ*.

mains jointes, les extrémités des doigts entrelacées, et symbolise la « concentration de la pensée du prêtre sur une idée fixe ».

DJO SAN GO

TSING SAN YE

Purification de trois choses.

On donne également à ce sceau, le nom de *Mi bé renghé gachô,* « jonction de mains de lotus non éclos ». Il se fait en appliquant les mains ouvertes l'une contre l'autre, de manière à laisser un peu de vide entre elles, les doigts se joignant par leurs bouts, à l'exception des médius qui restent un peu écartés. C'est cette figure qu'on nomme Bouton de lotus.

Par l'exécution de ce geste, accompagné de la récitation d'une dhâranî on rend purs tous les actes du corps, de la pensée et de la parole ; c'est pourquoi on le nomme Sceau de la purification de trois choses. On lui donne la forme du bouton de lotus, parce que cette fleur est toujours pure quoique née au milieu de la vase.

KADJI KÔ SOUI

KIA TCHI HIANG CHOEI

Purification de l'eau Parfumée.

Le but de ce sceau est de consacrer l'eau parfumée déposée sur l'autel, au moyen d'un *dôkô* [1] que le prêtre tient dans son poing fermé. Le sens du mot *kadji* est « rendre une chose sainte et sacrée par la puissance des Lois mystérieuses. »

1. Vajra,  foudre, à une seule pointe.

CHÔ DJÔ
CHAI TSING
Purification par aspersion.

Le rite de *Chô djô* consiste à pratiquer dans toutes les directions — à l'aide d'une petite baguette de bois blanc, appelée *sandjô* — des aspersions de l'eau précédemment consacrée, afin de purifier tout ce qui peut être souillé dans le temple, êtres et objets.

Le dessin ci-dessus montre la tasse à eau consacrée recouverte de son couvercle ; mais, à ce moment de la cérémonie, le couvercle doit être enlevé et déposé à côté de la tasse sur l'autel.

KADJI KOU MOTSOU
KHIA TCHI KONG OOU
Purification des offrandes.

Même sceau que celui de Kadji kô soui, appliqué, au moyen d'une dhâranî spéciale, à la purification et à la consécration des offrandes déposées sur l'autel.

HAKOU CHÒ
PHO TCHANG
Frapper des mains.

Ce sceau a deux destinations : il est un instrument de louange et il sert à effrayer ou à éveiller les êtres. Ici il est employé dans le second sens, c'est-à-dire que le prêtre frappe des mains pour effrayer les démons et les esprits malfaisants qui peuvent planer sur les offrandes. Comme son nom l'indique, il consiste à frapper la main gauche avec la droite.

TAN ZI

THAN TCHI

Lancer le doigt (avec bruit).

Nous trouvons ici une autre forme de l'idée exprimée par le sceau précédent. Le poing étant fermé, on plie l'index en le comprimant avec le pouce et on le détend brusquement (comme pour donner une chiquenaude), puis le pouce, devenu libre, vient s'appuyer rapidement contre le médius, double mouvement qui produit un léger bruit. Si faible que soit ce bruit, il a le même effet que le claquement de mains.

KÔ KOU

KHIN KEOU

Enlever les impuretés.

Après avoir éloigné les démons des offrandes, il s'agit d'enlever les impuretés qu'ils y ont laissées. Une première purification générale a été faite par l'accomplissement du rite de Kadji kou motsou; la seconde a pour effet de purifier les offrandes dans chacun de leurs éléments.

Pour exécuter ce sceau, l'officiant plie l'auriculaire et le pouce en les faisant se toucher, et avec les trois autres doigts forme la figure de la lance à trois pointes ou trident[1]. Les deux mains font simultanément le même signe. On laisse la main droite reposer sur la cuisse droite, et c'est la main

---

1. Nous savons que le trident est une des formes représentatives de la foudre.

gauche qui, aidée de la récitation de la formule de Kadji, « moyen de rendre saint », enlève les impuretés déposées sur les offrandes.

CHÔ DJÔ

TSHING TSING

Purification.

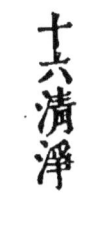

Les impuretés des offrandes effacées, on leur donne une pureté plus parfaite en les aspergeant d'eau consacrée.

Pour cela, les deux mains font le geste du Poing de Kongô [1]. La main gauche repose sur la cuisse gauche, tandis que, de la main droite, le prêtre prend la baguette San-djô [2], la plonge dans l'eau consacrée et asperge les offrandes.

KÔ TAKOU

KOANG TSE

Lumière brillante.

Les offrandes ayant été purifiées et consacrées, il reste à leur conférer la qualité de « briller d'une couleur parfaite ». A cet effet, l'officiant fait avec chacune de ses mains le sceau de la lance à trois pointes [3], prend « avec la lance de la main droite la lance de la main gauche » (c'est-à-dire touche son bras gauche avec sa main droite) et avec cette lance à trois pointes de la main gauche donne aux offrandes un éclat magique. Le but de ce rite est de satisfaire les Bouddhas en procurant à l'offrande la qua-

---

1. Voir sceau n° 1.
2. Voir sceau n° 11.
3. Voir sceau n° 15.

lité de « briller d'une couleur agréable », par le moyen de la puissance du « brandissement de la lance à trois pointes ».

MASHI GHÉ BAKOU

MO CHEOU OAI FO

Frotter les mains et entrelacer les doigts.

Les offrandes préparées, le prêtre lit le *Hiô hakou*, « exposé du but de la cérémonie ». Avant de lire, il frotte avec chacune de ses mains la face externe de l'autre, puis fait le sceau de l'*Enlacement des doigts*. Le frottement des mains symbolise l'harmonie, l'enlacement des doigts forme une figure ronde qui est celle de la « pleine lune », ce qui indique que l'esprit de l'officiant n'a pas de souillure intérieure et qu'il est « plein (de pureté) comme la pleine lune ». Ayant le cœur parfaitement pur, l'officiant expose aux Bouddhas les motifs du rite qu'il accomplit.

KOU YÔ MON

KONG YANG OEN

Discours d'offrande [1].

Après la lecture du *Hiô hakou*, on lit une formule d'offrande. Pendant cette lecture, le prêtre tient dans sa main gauche un chapelet, un dokô [2] et un encensoir à manche, conformément aux exigences du rite qui veut que l'on tienne l'encensoir à la main pendant que l'on célèbre les louanges des Bouddhas, ou qu'on leur annonce les offrandes. Le sens de ce rite est que l'encens est le messager qui porte aux Bouddhas la véritable intention de l'offi-

---

1. Kou yô est l'offrande de choses matérielles.
2. Vajra simple, foudre à une seule pointe.

ciant. Quant au chapelet et au dokô, ils n'ont point ici de signification particulière. Ils sont indiqués sur la figure parce

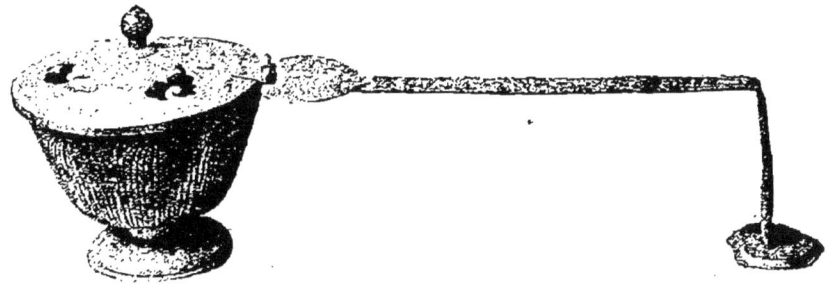

CHOU-RI. — Encensoir japonais.

que l'officiant les a toujours en mains. Il pose le dokô lorsque c'est nécessaire pour avoir la liberté de former les sceaux. Sur le dessin, l'encensoir est remplacé par une fleur de lotus, symbole de parfum sans égal.

CHÔ RAÏ

TCHHANG LI

Réciter des compliments.

On prononce respectueusement les noms des Bouddhas (formule d'invocation) et on les remercie de leur bienfaisante intervention. Dans cette circonstance, le sceau consiste simplement à tenir le dokô entre les mains jointes, suivant le rite de la *Jonction de mains de vajra* [1].

KIÔ GAKOU

KING KIO

Éveil.

L'officiant voulant inviter tous les Bouddhas à assister à la cérémonie, il doit les « éveiller », c'est-à-dire appeler leur attention.

---

1. Voir le sceau n° 8.

Le sceau consiste à replier sur le pouce le médius et l'annulaire de chaque main, lever les index et retirer les mains en accrochant les auriculaires, ce qui symbolise la grandeur et la solidité de la terre auxquelles on compare la fermeté de la foi du prêtre. Ensuite, on fait tourner trois fois le bout des deux index. Par la vertu de ce sceau, sont éveillés les Bouddhas des mondes infinis.

SARAÏ HÔBEN

TSO LI FANG PIEN

Moyen (de devenir Bouddha) par la salutation (des Bouddhas).

Il y a neuf moyens, ou genres d'actes, qui amènent à l'état de Bouddha : actes de respect, d'adoration, de confession, etc. C'est ce qu'on appelle les « chemins de la perfection ».

Pour saluer respectueusement les Bouddhas, l'officiant forme ici le sceau nommé *San-kô chô*, qui exprime la ferme résolution de ne jamais reculer. En effet, lorsqu'une personne reste ferme dans sa résolution d'obtenir la Mahâ Bodhi, « Grande Compréhension », elle manifeste par là son intention d'honorer tous les Bouddhas.

Ce sceau se fait en dirigeant vers la terre l'intérieur de la main gauche ouverte et en appliquant le dos de la main droite sur le dos de la main gauche, de manière que le pouce de la main droite se croise avec l'auriculaire de la main gauche et vice versa. Les trois autres doigts de chaque main forment deux *san-kôs*[1].

1. San-kô   foudre à trois dards.

SHITSOU ZAÏ HÔBEN

TCHHOU TSOEI FANG PIEN

Moyen (de devenir Bouddha) par la destruction des mauvaises actions.

C'est une véritable confession avec contrition parfaite. Le prêtre confesse ses péchés et prie pour qu'ils soient « anéantis », c'est-à-dire, non seulement pour qu'ils soient pardonnés, mais qu'il n'en reste absolument plus rien, afin que les effets qui devraient fatalement en résulter soient détruits et que les péchés eux-mêmes ne puissent plus se reproduire de nouveau.

Le sceau, nommé *Daï yé tô* « Sabre de grande Intelligence », s'exécute avec les deux mains ouvertes, les doigts levés. On fait joindre le pouce et l'index replié par leurs extrémités, puis on rapproche les mains que l'on unit en faisant se croiser les bouts des trois doigts de « terre, eau et feu »[1]. Ce geste est la figure symbolique du *Sabre mystique*. En même temps, l'officiant entre en méditation sur les moyens de détruire le péché.

KI-I HÔBEN

KOEI YI FANG PIEN

Moyen (de devenir Bouddha) par la soumission.

Le prêtre se remet entièrement entre les mains des Bouddhas, et leur exprime sa profonde gratitude de leurs bienfaits, en même temps qu'il exécute le sceau de la *Jonction de mains de Vajra*[2].

---

1. Auriculaire, annulaire et médius.
2. Voir le sceau n° 8.

SÉ SHIN HÔBEN

CHI CHEN FANG PIEN

Moyen (de devenir Bouddha) par l'offrande de soi-même.

Par le fait d'offrir — ou consacrer — sa personne aux Bouddhas, l'officiant manifeste sa résolution de devenir leur disciple, c'est-à-dire de suivre fidèlement leurs enseignements.

Il en fait le sceau en joignant fortement les mains, tous les doigts entrecroisés, sauf les médius qui restent dressés. La jonction des mains exprime la fermeté de sa résolution ; les médius levés symbolisent l'offrande de sa personne.

HOTSOU BODAÏ SHIN HÔBEN

FA PHOU THI SIN FANG PIEN

Moyen (de devenir Bouddha) par la manifestation de l'Intention de Bodaï.

Le terme *Bodaï* (Bodhi) est sanscrit et signifie « science ou compréhension parfaite ». Il existe deux degrés dans la Bodhi : *Dji kakou*, « comprendre soi-même » et *Ta kakou*, « faire comprendre autrui ». L'officiant, disciple du Mahâyâna, accomplit les actes que ferait un Bosatsou [1] ; c'est pourquoi il débute par le second degré du rite de *Compréhension*, la « Manifestation de l'Intention de la Bodhi ». Le sceau du *Croisement des mains du monde des Bouddhas et du monde de l'humanité* [2], que le prêtre dépose sur ses genoux, signifie que les « Bouddhas

---

1. Bodhisattva.
2. La main droite symbolise le monde des Bouddhas et la gauche le monde des êtres.

et l'humanité forment un seul et même corps », et l'officiant, devenu Bouddha [1] par la grâce de ce rite, fait naître en lui-même le sentiment de charité qui donne naissance au désir d'amener tous les hommes à l'état de Bouddha, en leur faisant comprendre les vérités qu'il a compris lui-même [2]. C'est là ce qu'on appelle *Ta kakou* ou « Grande Intention de Bodhi ».

Cette intention se manifeste par le sceau que forme le prêtre en croisant ses mains ouvertes, les doigts entrelacés, les pouces se touchant par leurs extrémités, et en posant les mains sur ses genoux, la paume en dessus, geste qui symbolise l'idée « d'entourer (protéger, instruire) continuellement l'humanité jusqu'à ce qu'elle parvienne à la condition parfaite de Bouddha ».

ZOUI KI HÔBEN

SOEI HI FANG PIEN

Moyen (de devenir Bouddha) par la satisfaction.

Ici l'officiant manifeste sa satisfaction et sa reconnaissance de tout le bien que font les Bouddhas et les Bodhisattvas. Le sceau qu'il exécute est celui de la *Jonction de mains de Vajra* [3].

---

1. C'est-à-dire, « ayant été investi des qualités d'un Bouddha pour la durée de la cérémonie ». Néanmoins, la secte Siugon affirme que le prêtre devient réellement Bouddha, en cette vie, par la longue pratique des rites. En règle stricte, ce rite ne doit être célébré que par un solitaire absolument délivré des liens du monde.

2. Nous reconnaissons ici le « Vœu fondamental de charité » qui distingue le Bouddha parfait du Pratyéka-Bouddha.

3. Voir le sceau n° 8.

KOUAN CHÔ HÔBEN

KOAN TSHING FANG PIEN

Moyen (de devenir Bouddha) par supplication.

Après avoir témoigné sa reconnaissance des bienfaits des Bouddhas et des Bodhisattvas, l'officiant les supplie de continuer à répandre leurs grâces sur l'humanité. Il fait de nouveau le sceau de la *Jonction de mains de Vajra* [1].

BOU DJÔ HÔBEN

FONG TSHING FANG PIEN

Moyen (de devenir Bouddha) par une nouvelle supplication.

C'est une prière plus puissante et d'un but plus élevé. Le prêtre prie instamment les Bouddhas et les Bodhisattvas de faire parvenir tous les êtres des Dix Quartiers du Monde [2] à la situation bien-heureuse qu'ils ont eux-mêmes obtenue.

Le sceau relatif à ce rite se fait en serrant les doigts de la main droite dans ceux de la main gauche. L'index droit est légèrement replié pour indiquer la supplication, comme « lorsqu'on courbe la tête ». Le prêtre se sert de l'index parce que ce doigt « représente le vent » et, par conséquent, implique l'idée de rapidité et de généralité.

---

1. Voir le sceau n° 8.
2. Les dix quartiers du monde sont : Est, Sud-Est, Sud, Sud-Ouest, Ouest, Nord-Ouest, Nord, Nord-Est, Zénith et Nadir. Il ne faut pas confondre ces « Dix Quartiers du Monde » avec les « Dix Mondes », demeures des diverses classes des êtres, qui comprennent : le Monde des Bouddhas, le Monde des Bodhisattvas, le Monde des dieux, le Monde des Génies, le Monde des hommes, le Monde des Asûras, le Monde des Yákshas, le Monde des Prétas, le Monde des animaux et le Monde des Enfers.

YÉKÔ HÔBEN

[HOEI HIANG FANG PIEN

Moyen (de devenir Bouddha) par la charité.

Par charité, l'officiant renonce en faveur de tous les êtres au mérite de tout ce qu'il a fait de bien. Le sceau est celui de la *Jonction de mains de Vajra* [1].

30

NIOU BOUTSOU SAMMAYA

JOU FO SAN MEI YÉ

Entrer dans le Samaya du Bouddha.

Voir le sceau n° 2.

31

HÔKAI CHÔ

FA KIAI CHENG

Production du monde de la Loi.

Voir le sceau n° 3.

32

TEN HÔ RÏN

TCHOAN FA LOEN

Roue tournante de la Loi.

Voir le sceau n° 4.

33

---

1. Voir le sceau n° 8.

HA TCHIOU

KIA TCHEOU

Mettre l'Armure.

Voir les sceaux 5 et 6.

ON TON

AN TIEN

Attacher l'armure.

Voir le sceau n° 7.

KOUAN RA DJI

KOAN LO TSEU

Méditer sur le mot Ra.

En sanscrit, le mot ou plutôt le caractère *Ra* symbolise les « éléments » ou le « corps du feu ». Le sceau est le même que celui de *Hôkaï chô*[1]. Lorsque l'officiant médite sur la syllabe « Ra » et la prononce, un feu (invisible) se produit au sommet du triangle[2] formé par ses doigts afin d'écarter de sa personne tous les maux.

MOU KOUAN-NÏN

OOU KHAN JEN

Impatience.

L'expression Mou Kouan-nïn signifie « courage ardent, ardeur impatiente ». Le sceau est le geste que fait l'officiant afin de

---

1. Voir le sceeu n° 3.
2. Il faut se rappeler que le corps du feu est triangulaire.

manifester son ardeur extrême à sauver les êtres. Il le forme en joignant les mains de façon à laisser un vide entre elles, les doigts étant légèrement croisés par leurs extrémités, les pouces accolés et les annulaires demeurant libres. Ce sceau porte le nom de *Mifou renghé gachô*. « Jonction de mains du Bouton de Lotus ». C'est pour figurer le bouton de lotus qu'on laisse un vide dans l'intérieur des mains. Le bouton de lotus symbolise les êtres qui ont au fond de leur cœur la nature ou le caractère des Bouddhas, mais ne sont pas encore parvenus à manifester cette nature au dehors. En détachant les annulaires et en les agitant à droite et à gauche, ou figure le mouvement de l'eau [1] qui fait éclore le bouton de lotus, symbole du prêtre officiant qui fait éclore les qualités de Bouddha chez tous les êtres par la puissance de la foi, du sceau, du mantra et de la méditation.

KIÔ GAKOU DJI SHÏN

KING FA TI CHEN

Réveil des divinités terrestres.

Les cérémonies relatives à la purification de l'intérieur du temple étant accomplies, il s'agit de purifier le terrain sur lequel le temple est construit, jusque dans ses couches les plus profondes, et la première formalité à remplir à cet effet est le « réveil » des divinités qui habitent les profondeurs de la terre. Pour cela, l'officiant frappe trois fois la terre de la paume de sa main droite entièrement ouverte [2], tandis qu'il applique, sur sa hanche gauche [3], sa main gauche armée du dokô [4].

1. Les annulaires symbolisent l'« élément eau ».
2. Geste de Çâkya-mouni lorsqu'il appela la Terre en témoignage.
3. Les hanches symbolisent la terre.
4. Vajra à un seul dard.

DJI SHÏN DJI

TI CHEN TCHI

Divinités terrestres et possession (du terrain).

Les dieux de la terre sont éveillés.

Maintenant on leur signifie la prise de possession de leur domaine jusque dans ses plus extrêmes profondeurs. A cet effet, l'officiant croise les doigts de ses mains, sans les joindre, tout en tenant le dokô, puis il incline trois fois le dokô vers la terre, afin de manifester l'intention de cette prise de possession.

TCHÔ-CHÔ DJI TEN

TCHAO TSHING TI THIEN

Invitation aux divinités terrestres.

Après avoir ainsi affirmé sa résolution de s'emparer du sol et du sous-sol du temple, l'officiant invite les dieux de la terre à se rendre à la cérémonie.

Le sceau qu'il exécute dans ce but s'appelle *Sceau du bol* et se fait en rapprochant l'une de l'autre les mains légèrement repliées, de manière à figurer un bol ou une coupe que, par l'effet de sa méditation, le prêtre remplit des fleurs (invisibles) préférées par les dieux terrestres. Il leur offre ces fleurs et leur adresse ensuite une invitation en prononçant la « dhâraṇî du réveil », tandis que, par trois fois, il lève et baisse ses pouces, ce qui constitue le « geste d'appel ».

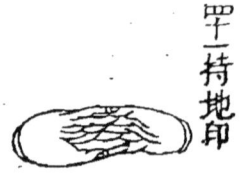

DJI TI IN

TCHI TI YIN

Possession du terrain.

Maître du sol, le prêtre le transforme en

« Terrain de Kongô »¹, ou Sol sacré, par le sceau dit *Sankô chô kongô no In*, ou « Sceau du triple Vajra² ».

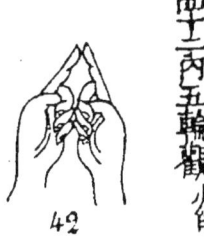

NAÏ GÔ RÏN KOUAN
NEI OOU LOEN KOAN
Méditation des cinq roues intérieures.

Par l'expression « cinq roues intérieures », on entend l'assimilation de cinq parties du corps de l'officiant, — les reins, le nombril, la poitrine, le front et le crâne, — aux cinq éléments « terre, eau, feu, air et éther ». On appelle Rïn³, « roue », la réunion de ces cinq éléments, qui comprennent la matière et toutes les formes existant dans l'univers. La Roue signifie donc que tout est complet, que rien ne manque (goussokou). L'officiant fait, en cette circonstance, le sceau de *Hôkaï chô*⁴, « production de la flamme », et le dirige successivement sur les cinq parties de son corps indiquées ci-dessus, afin de détruire leurs impuretés et de les consacrer.

DJI RÏN
TI LOEN
Roue de la terre.

Ce sceau et les quatre suivants ont pour but de rendre pures et sacrées les cinq parties du corps de l'officiant représentatives des cinq éléments. Il y a entre le sceau précédent et ceux-ci la différence qui existe entre le tout et la partie. Le *dji rïn* correspond aux reins du prêtre. Le sceau se fait avec

---

1. Ici Kongô paraît devoir être traduit par « diamant ».
2. Le Sankô, « trois kôs » est une foudre à trois dards.
3. Rïn nous paraît devoir être assimilé à *cakra*.
4. Voir le sceau n° 3.

les deux mains. On dresse les médius et les auriculaires et on les fait se toucher par leurs extrémités, les annulaires se croisent et réunissent les mains, les pouces dressés se joignent et on ramène les index levés derrière les médius. La figure ainsi formée se nomme sceau de *Ghé bakou gokô* ou du

GOKÔ.

« Croisement extérieur du vajra à cinq dards », les doigts dressés figurant les dards ou *kôs* et les annulaires croisés constituant le « croisement extérieur ». Les cinq kôs sont considérés comme représentant les « corps des cinq Dhyâni-Bouddhas ». En appliquant ce sceau à ses reins, l'officiant leur communique la « vertu de l'élément Terre », premier des cinq éléments, qui est en réalité la « vertu de la solidité de l'intelligence des Bouddhas ».

SOUI RIN

CHOEI LOEN

Roue de l'eau. Sceau de Huit Feuilles.

L'officiant applique ce sceau à son nombril afin de produire en lui le plein effet de l'élément Eau, qui est de purifier en lavant. Pour faire ce geste on lève tous les doigts et on réunit les mains en joignant l'un contre l'autre les pouces et les auriculaires, ce qui produit la figure du « Lotus épanoui ». L'officiant s'en sert parce que la « vertu de l'eau », qui lave les choses malpropres, est comparable à la « vertu de n'être jamais souillé » que possède le Lotus.

KA RÏN

HO LOEN

Roue du feu.

45

Ce sceau, appelé aussi *Sceau du feu*, est celui de la *Production de la flamme* [1]. L'officiant l'applique sur sa poitrine pour la purifier et la consacrer par la vertu de l'élément Feu.

FOU RÏN

FONG LOEN

Roue de l'air.

46

C'est le sceau dit *Roue tournante de la Loi* [2], symbole de la prédication de la Loi bouddhique. Parce que cette prédication est identique à la mise en mouvement de l'élément Air, on le prend pour le sceau de l'élément Air et on l'applique sur le front, qui est aussi assimilé au même élément.

KOU RÏN

KHONG LOEN

Roue de l'Éther ou du Vide.

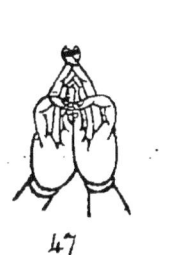

47

On exécute ici le sceau du *Sabre de grande intelligence* [3], pris comme mudrâ du « principe du vide », cinquième des éléments. L'officiant l'applique au sommet de son crâne pour détruire toutes les mauvaises formes [4] et produire la « vertu du principe du vide ».

---

1. Voir le sceau n° 3.
2. Voir le sceau n° 4.
3. Voir le sceau n° 23.
4. Par « mauvaises formes » on entend les crimes, les accidents, les maladies, et, en général, tout ce qui n'est pas compris dans les « Trente-deux bonnes formes » ou signes caractéristiques (lakshana) des Bouddhas.

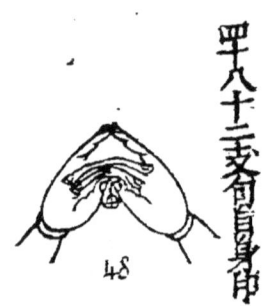

DJOU-NI KOUSHI DJI SHIN IN
CHI EUL TCHI KIU TSEU CHEN YIN
Sceau des douze parties du corps.

Ce signe s'appelle aussi *Sceau des grandes flèches*. Les flèches sont figurées par les médius repliés dans l'intérieur des mains où ils se touchent par leur surface externe ; l'arc est représenté par les index et les annulaires entrecroisés, par les deux petits doigts levés et se joignant par le bout, et par les pouces appuyés sur les index. Au moyen du sceau de *Naï go rin kouan* [1], le prêtre a purifié l'ensemble de sa personne, et par les cinq sceaux suivants il a procédé en détail à la purification de cinq parties déterminées de son corps, il lui reste encore à faire la même opération pour douze autres parties, savoir : le crâne, les oreilles, la nuque, les épaules, le devant du cou, la poitrine, le nombril, les hanches et les pieds, ce qu'il exécute en « lançant des flèches », au moyen de ce sceau, sur les points où il peut exister encore des impuretés.

HIAKOU KO HÔ
PO KOANG OANG
Roi de cent lumières.

Le « Roi de cent lumières [2] » est la première des qualités d'un Bouddha que l'officiant, devenu parfaitement pur, aspire à acquérir. Dans cette intention il entre en méditation, applique sur son front le sceau de la *Jonction de mains de vajra* [3] et prononce la formule

---

1. Voir le sceau n° 42.
2. Le nombre Cent ne doit pas être pris au sens strict ; il signifie ici « grand nombre, multitude ».
3. Voir le sceau n° 8.

sanscrite An[1]. Si son vœu est exaucé, des flammes miraculeuses de diverses couleurs[2] sortent de son front. Ce sont ces flammes miraculeuses qu'on nomme « Roi de cent lumières », parce que, de même qu'un roi est le personnage le plus important du royaume, de même elles l'emportent sur tous les feux. Quant à la formule An, elle exprime l'acquisition de la Bodhi ou Grande compréhension.

SHÏN TCHI MOU CHÔ KOU

SIN TCHI OOU CHENG KIU

Rendre l'âme[3] sans naissance.
Sceau du Front de Bouddha.

50

C'est le sceau du Nirvâṇa. En effet, l'expression *Mou chô*, « sans naissance », est l'abréviation de *Mou chô mou métsou*, « sans naissance et sans destruction », ce qui est l'état de l'âme des Bouddhas et la même chose que le Nirvâṇa. Quand l'officiant applique ce sceau sur son cœur et prononce la formule An, son âme devient l'âme du Bouddha.

Voici comment se forme le sceau : on joint les mains en croisant les deux derniers doigts ; les médius dressés se touchent par leurs extrémités ; les index, un peu repliés, s'appuyent sur la face externe des médius, sur la deuxième phalange desquels s'appliquent les pouces. Le cercle formé par les médius figure la « pleine lune entourée de flammes » (les médius étant l'élément Feu) ; en les couvrant par les index (élément Air), le prêtre « active la flamme au

---

1. C'est encore une formule magique, une dhâraṇî.

2. Ordinairement cinq : blanc, rouge, vert, jaune et bleu ou noir. Ces flammes ne sont, naturellement, visibles que pour les prêtres et les fidèles en possession de la foi parfaite.

3. Bien que le mot Shïn signifie proprement « esprit », nous le traduisons ici par « âme », qui nous paraît s'appliquer mieux au sens général du commentaire. M. Toki le traduisait « cœur ». Nous reconnaissons cependant que cette traduction n'est pas strictement bouddhique.

moyen du vent » ; les pouces sont considérés comme le corps de l'officiant ; les annulaires et les auriculaires comme son siège. Ce geste exprime l'idée que l'officiant est « au milieu de la pleine lune entourée de flammes en parfaite possession de l'âme du Bouddha ».

C'est par erreur qu'on a donné à ce signe le nom de *Sceau du Front de Bouddha;* le sceau est bien le même, mais ici le sens est différent ainsi qu'on le verra plus loin.

KIÔ HIÔ RISENDJI

KIONG PIAO LI JAN TSEU [1]

Montrer Risendji sur la poitrine.

Par ce rite, l'officiant se propose d'obtenir les qualités de lumière et de couleur brillante en plus de l'âme de Bouddha qu'il a acquise par le rite précédent, c'est-à-dire, il veut faire jaillir la lumière de l'intelligence infinie de l'esprit de Bouddha. Pour ce faire, il applique sur son cœur le sceau de *Production de la flamme* [2] et prononce la syllabe mystique Ra, symbolique de l'élément Feu.

Le terme Risendji, « mot de destruction de l'impureté », désigne simplement la syllabe sanscrite Ra ; car, étant l'élément du feu, le caractère Ra brûle tout ce qui est impur.

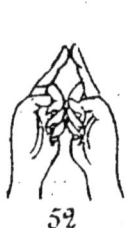

ANRIOU MOUKOU GHEN

AN LI OOU KEOU YEN

Purifier les yeux.

Ce sceau est le même et a le même sens que le précédent, seulement au lieu de l'appliquer sur sa poitrine, le prêtre le place sur ses yeux. *Anriou* veut dire « mettre, placer,

---

1. Il y a une erreur dans le premier caractère.
2. Voir le sceau n° 3.

construire ». Par ce *Sceau du feu* l'officiant brûle tout ce qui se trouve d'impur et de mauvais dans ses yeux.

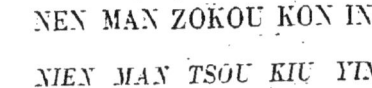

NEN MAN ZOKOU KON IN

NIEN MAN TSOU KIU YIN

Sceau de la méditation de satisfaction.

Nen est l'abréviation de *Kouan-nen*, « méditation ». L'officiant médite sur le bonheur qu'il éprouve d'avoir acquis l'âme de Bouddha et affirme ce bonheur. Il emploie à cet effet le sceau de la *Jonction de mains de vajra*[1], que l'on appelle aussi *Sceau commun* et *Sceau universel*, parce qu'il sert toutes les fois que l'officiant fixe sa méditation sur un seul et unique objet.

GHÉ GO RIN KOUAN

OAI OOU LOEN KOAN

Méditation des cinq Roues extérieures. Sceau du feu.

Nous avons vu précédemment comment, par une série de sceaux, le temple et l'officiant lui-même ont acquis les qualités requises. Le sol sur lequel le temple s'élève doit aussi acquérir les qualités que possèdent les Bouddhas, car le livre *Kégon* dit : « Les plantes, les arbres, les pays, la terre, tout peut devenir Bouddha. » Selon les doctrines bouddhiques, tout ce qui existe dans l'univers entier, êtres animés et objets inanimés, est apte à devenir Bouddha, parce que tout possède la qualité de Bodhi à l'état virtuel. C'est pourquoi il est nécessaire de purifier et consacrer le sol du Temple et son tréfond, et en même temps les quatre éléments, autres que celui de Terre, contenus dans ces terrains, en en brûlant les éléments impurs au moyen du

---

1. Voir le sceau n° 8.

sceau de *Hôkaï chô*, ou de la « Production du monde de la Loi [1] ».

Dans le cas actuel, le rite a pour objet de purifier et consacrer d'une manière générale les cinq éléments terre, eau, feu, air et éther ou vide, tandis que les cinq rites suivants s'appliquent, dans la même intention, à chacun des éléments pris en particulier. Les sceaux employés sont les mêmes que ceux qui ont servi pour la purification des cinq éléments renfermés dans le corps de l'officiant, seulement on suit l'ordre inverse, en commençant par l'élément Éther et finissant par l'élément Terre. Il est donc inutile de donner une nouvelle explication de ces sceaux.

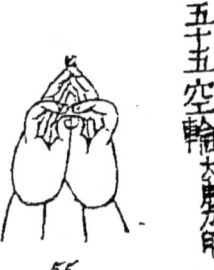

KOU RÏN

KHONG LOEN

Roue du vide. Sceau du sabre de grande intelligence.

Voir le sceau n° 47.

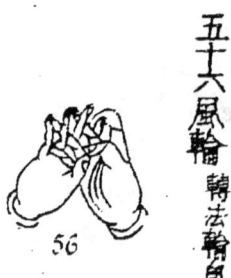

FOU RÏN

FONG LOEN

Roue de l'air. Sceau de Ten hô rïn. Roue tournante de la Loi.

Voir sceau n° 46.

---

1. Voir le sceau n° 3.

KA RIN

HO LOEN

Roue du feu. Sceau du feu.

Voir sceau n° 45.

SOUI RÏN

CHOEI LOEN

Roue de l'eau. Sceau de Huit feuilles.

Voir sceau n° 44.

DJI RÏN

TI LOEN

Roue de la Terre. Sceau des cinq Kôs extérieurs.

Voir sceau n° 43.

NIOU BOUTSOU SAMMAYA

JOU FO SAN MEI YE

Entrer dans le Samaya de Bouddha.

Par une double méditation sur le monde intérieur et sur le monde extérieur, le prêtre a acquis la possession parfaite de l'Ame de Bouddha. Le rite actuel a pour but de faire passer en lui toutes les qualités d'un Bouddha, c'est-à-dire les trente-deux signes extérieurs de beauté (lakshana) que possédait Çâkya-mouni. Le sceau qui s'y rapporte [1] et les deux suivants sont

---

1. Voir le sceau n° 2.

de ceux que l'officiant doit recommencer chaque fois que le motif du rite change, afin de stimuler l'énergie de sa volonté; mais, lorsqu'il est parvenu à un certain degré d'expérience, il n'a plus besoin de les répéter [1].

HŌKAÏ CHŌ

FA KIAI CHENG

Production du Monde de la Loi.

Voir le sceau n° 3.

TEN HŌ RÏN

TCHOAN FA LOEN

Roue tournante de la Loi.

Voir le sceau n° 4.

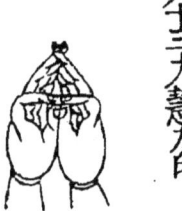

DAÏ-YÉ-TŌ NO IN

TA HOEI TAO YIN [2]

Sceau du sabre de Grande Intelligence.

Nous avons déjà décrit et expliqué ce sceau [3]. Le sabre est le symbole de l'Intelligence de Bouddha, parce qu'elle tranche et détruit les mauvaises pensées et les jugements faux et erronés avec la même facilité qu'un bon sabre coupe les objets qu'il frappe. Par l'emploi de ce sceau, l'officiant manifeste et rend parfaitement efficace l'action de la « Vertu

---

1. Les fréquentes répétitions des mêmes méditations et des mêmes sceaux que nous rencontrons dans ce livre, tiennent à ce qu'il a été composé à l'usage des novices.

2. Il y a une faute dans le troisième caractère.

3. Voir le sceau n° 23.

d'Intelligence [1] ». Précédemment déjà, nous l'avons vu, le prêtre avait acquis la possession parfaite de l'Esprit de Bouddha, mais d'une façon générale et sans confusion avec le cas particulier dont il s'agit ici.

A propos du Sabre, disons, une fois pour toutes, qu'en ce qui concerne les Bouddhas, ce n'est pas un instrument de meurtre ou de menace, mais simplement une image : « la force de l'intelligence comparée au tranchant affilé d'un sabre ». Il en est de même pour les sabres dont sont armés les Mio-hôs et les Tens [2].

HORA NO IN

FA LO YIN

Sceau de la Conque.

Ce sceau représente la coquille marine appelée Hora ou Conque [3]. On le fait en rapprochant les mains l'une de l'autre sans les joindre tout à fait, de telle façon que les trois derniers doigts de chaque main se touchent par leurs extrémités ; les pouces sont dressés et les index repliés viennent s'appliquer sur les pouces à la base de l'ongle et forment ainsi ce qu'on appelle l' « ouverture de la conque ».

Dans les armées indiennes cette coquille, ou conque, servait à la transmission des ordres en guise de trompette ; c'est pourquoi elle est devenue le symbole de la prédication du Bouddha, « qui dirige les êtres dans le combat du salut, comme la conque dirigeait jadis les guerriers dans la bataille ». Par l'efficacité de ce sceau, l'officiant acquiert la « possession parfaite de la vertu de prédication ».

---

1. « Vertu » a ici le sens de « puissance » et de « qualité », tout à la fois.
2. Classes des dieux supérieurs et inférieurs, protecteurs du Monde de la Loi contre les entreprises des démons.
3. Turbinella rapa. — La conque, en sanscrit « çankha », employée jadis en guise de trompette, est un des attributs les plus fréquents des divinités brâhmaniques, principalement de celles qui ont une origine vishnouite.

KI CHÔ

KI SIANG

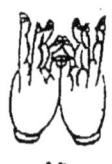

Bien, Bonheur. — Sceau de Huit feuilles.

Ce geste représente un lotus épanoui [1] et symbolise le « bonheur parfait, la satisfaction de tous les désirs ».

Les Bouddhas — qui possèdent la perfection de toutes les vertus — peuvent, à leur gré, sauver les êtres et satisfaire tous leurs désirs, qui sont comparés à un lotus bien épanoui, possédant à l'état parfait le parfum, le coloris, la forme, présentant toutes les qualités agréables.

Par ce sceau, l'officiant acquiert la « Possession parfaite du Bonheur sans limites [2] ».

KONGÔ DAÏ YÉ

KIN KANG TA HOEI

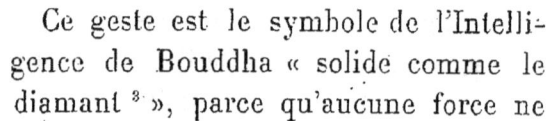

Grande intelligence de Vajra. Sceau des cinq KÔS extérieurs.

Ce geste est le symbole de l'Intelligence de Bouddha « solide comme le diamant [3] », parce qu'aucune force ne peut prévaloir contre elle, — pas même celle de la science, — de même que la dureté du diamant résiste à tous les efforts.

En purifiant et consacrant son esprit par ce sceau des *Cinq Kôs* [4], l'officiant donne une « solidité véritable » à son intel-

---

1. Voir le sceau n° 44.
2. Il ne s'agit pas ici d'un bonheur particulier au prêtre, mais de l'acquisition de la « puissance de sauver et de rendre heureux les êtres ».
3. Kongô est la traduction japonaise du mot chinois « kin-kang », lui-même traduction du sanscrit « vajra, foudre »; mais, en japonais, kongô, comme en chinois kin-kang, signifie plutôt « diamant » que « foudre », et ici c'est bien le sens de diamant qu'il faut adopter.
4. Voir sceau n° 43.

ligence et acquiert la « vertu de solidité d'intelligence d'un Bouddha ».

Le sceau de *Daï-yé-tó*[1] représente également l'Intelligence de Bouddha, mais avec le sens de « force tranchante », tandis que, ici, il s'agit de « solidité ». Il ne faut donc pas confondre ces deux sceaux.

NIORAÏ TCHÔ

JOU LAI TING [2]

Crâne de Tathâgata. Sceau du Front de Bouddha.

Le but de ce geste est l'acquisition du Front de Bouddha. Les médius (élément Feu), dressés et se touchant par le bout, représentent « l'auréole flamboyante », les index (élément Air), levés et appuyés contre la face dorsale des médius, symbolisent « l'activation de la flamme », les auriculaires et les annulaires repliés et les pouces qui s'appuyent contre eux, figurent les « cheveux frisés du Bouddha ». En exécutant ce sceau l'officiant obtient la « ressemblance du Front (ou du crâne) de Bouddha ».

NIORAÏ TCHÔ SÔ

JOU LAI TING [3]

Forme du crâne de Tathâgata.

Il s'agit ici de la partie supérieure [4] du crâne des Bouddhas, appelée *Fou ken tchô só*, « Forme invisible du crâne », parce que personne ne peut

---

1. Voir n° 63.
2. Le troisième caractère est inexact.
3. Il manque le caractère représentant *só*, qui serait probablement *siang* en chinois.
4. L'Ushnisha.

l'apercevoir¹. C'est, parmi les signes caractéristiques des Bouddhas, celui qui tient le premier rang dans les Dix Quartiers du Monde. Cette qualité de Bouddha, l'officiant l'obtient en portant à son front le sceau du *Poing de Vajra*², afin de se rendre pur et sacré.

GŌ SŌ

HAO SIANG YIN

Ressemblance de cheveux.

C'est de la touffe de poils blancs³ que les Bouddhas ont sur le front, entre les deux sourcils, et dont ils font jaillir des rayons de lumière de cinq couleurs, qu'il est question. En appliquant entre ses sourcils le *Poing de Vajra*⁴, l'officiant acquiert ce signe caractéristique des Bouddhas.

YOGA DJI HATCHI

YU KIA TCHI PO⁵

Possession du Vase de Yoga.

Yoga est un terme sanscrit qui se traduit par « union⁶ ». Le sceau de *Yoga* signifie donc que l'officiant possède les vertus des Bouddhas et ne fait qu'un seul et même tout avec eux. On exprime cette idée en disant qu'il possède le Vase de Bouddha⁷. Le mot *hatchi*, devenu japonais,

---

1. Allusion à une légende bouddhique selon laquelle, malgré tous ses efforts, Brahmā ne put parvenir à voir le crâne de Çākya-Mouni.
2. Voir le sceau n° 16.
3. L'Urna.
4. Voir le sceau n° 16.
5. Ici encore il y a une faute dans le premier caractère.
6. Union avec la divinité, absorption dans l'essence divine.
7. Pâtra, vase à recevoir les aumônes.

est d'origine sanscrite [1] ; c'est l'abrévation du mot *Pâtra* qu'on traduit en japonais par *ó rió ki,* « instrument de la mesure convenable », parce que le Pâtra est le vase dont les Bouddhas (qui vivent sur la terre) se servent pour recevoir l'aumône de la quantité de riz strictement nécessaire à leur nourriture.

Pour exécuter ce sceau, le prêtre recouvre d'un pan de sa *késa* [2] sa main gauche ouverte et étendue la paume en-dessus [3], puis à l'aide de sa main droite l'apporte sur ses genoux. Il fait alors le sceau de *Hokaï chó* ou de la « Production du Monde de la Loi [4] », qui est en réalité le sceau du Vase de Bouddha. Dans ce sceau est contenue la « Saveur des Lois innombrables » ; lorsqu'il y goûte, « le corps et l'esprit du prêtre éprouvent une sensation de plaisir indicible ». A ce moment, sa méditation a pour but de la faire goûter aux êtres vivants, afin de leur procurer le même plaisir.

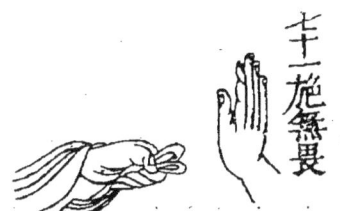

SÉ MOU I

CHI OOU OEI [5]

Charité de la Destruction de la Peur.

La peur est innée, non seulement chez les hommes, mais dans tout ce qui a existence. Les oiseaux, les animaux de toutes espèces, les hommes, le soleil, la lune, les mondes craignent continuellement d'être opprimés les uns par les autres ou de se heurter entre eux et

---

1. Ceci est un exemple de la facilité avec laquelle les Japonais admettent de prétendues étymologies sanscrites pour des mots doublement déformés par leur passage en chinois et du chinois en japonais.
2. Uttara sanghati, manteau religieux.
3. C'est sur la main gauche ainsi placée que repose le Pâtra dans les images bouddhiques.
4. Voir le sceau n° 3. — Il ne faut pas le confondre avec la mudrâ n° 8.
5. Ici encore il y a une faute dans le premier caractère.

ne sont jamais un instant sans frayeur. C'est cet état qu'on appelle le « Monde rempli de peur et de crainte ».

Les éloges d'autrui, la joie, le plaisir font éprouver un sentiment agréable, mais, en même temps, on a peur [1] ; c'est le lot naturel de la faiblesse humaine. Or, à ce moment du sacrifice, l'officiant s'élève au-dessus de ce « Monde de peur » et atteint au Monde des Bouddhas, où l'on jouit d'une félicité à laquelle nul autre bonheur ne peut se comparer. En même temps, il s'élève au-dessus de la louange et de la calomnie, de la joie et du chagrin, du plaisir et de la douleur et obtient la vraie délivrance de tous les liens. C'est là ce qu'on nomme le « Monde de Bouddha exempt de peur ». Entré ainsi dans le « Monde sans peur », le prêtre doit faire aux autres êtres l'aumône de cette qualité d'être exempt de toute crainte, et cet acte porte le nom de « Charité de la destruction de la peur [2] ».

Voici comment se fait le sceau de ce rite : l'officiant prend dans sa main gauche le bord de sa késa et l'applique dans la région de son nombril. Il ouvre la main droite, étend les cinq doigts et lève le bras de façon que l'extrémité des doigts se trouve à la hauteur de son crâne. Les cinq doigts, symboles des cinq éléments [3], représentent « l'état parfait du Monde de Bouddha ». En élevant ainsi sa main droite, le prêtre dispense à tous les êtres la « Charité de l'exemption de la peur » et les fait entrer, sans qu'ils s'en doutent, dans le Monde de Bouddha, par la puissance de la dhârani qu'il récite et du sceau.

---

1. Ce qui revient à dire qu'on ne goûte jamais de bonheur sans mélange.
2. Au sujet de la vertu d'Intrépidité, voir Eug. Burnouf, *Lotus de la Bonne Loi*, p. 402.
3. Terre, eau, feu, air et éther ou vide.

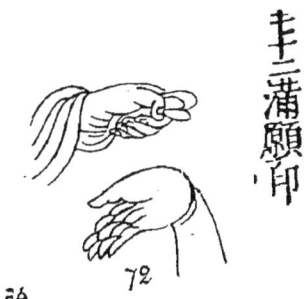

MAN GAN

MAN YUEN YIN

Plein désir.

Ce rite et le sceau qui l'accompagne ont pour objet d'obtenir la « satisfaction des désirs de tous les êtres ». C'est donc le *Sceau de Charité*. La main gauche fait le même geste que dans la mudrâ précédente, tandis que l'officiant ouvre sa main droite, étend les doigts et la présente en dehors en l'abaissant à la hauteur de ses genoux, ce qui signifie qu'il satisfait tous les êtres en leur donnant de sa main droite — symbolisme du Monde de Bouddha — tous les bonheurs qu'ils souhaitent. C'est pourquoi le geste d'abaisser la main droite ouverte s'appelle *Sceau de Yogan*, « donner (satisfaction aux) désirs ».

HI CHÔ GHEN

PEI CHENG YEN

Les yeux produisent la pitié.

Hi chô veut dire « produire grande pitié », et les yeux des Bouddhas s'appellent « yeux de pitié ».

Ce sceau consiste à étendre le médius et l'annulaire en fermant les deux autres doigts et le pouce. Il exprime l'idée qu'en frottant ses yeux avec ses deux doigts, le prêtre sanctifie son esprit, rend ses yeux semblables à ceux des Bouddhas et acquiert la puissance de voir (d'un seul regard) tous les êtres du monde. Ce geste figure le *Kimbéi* [1], instrument de chirurgie employé, dit-on, dans l'Inde ancienne pour la guérison des maladies des yeux.

---

1. Aiguille de métal aplatie, spatule employée par les oculistes chinois.

NIORAÏ SAKOU

JOU LAI SO

Corde de Tathâgata.

Rite pour acquérir le pouvoir de la Grande Pitié des Bouddhas. La mudrâ se fait en joignant fortement les mains par les trois derniers doigts entrelacés, les pouces serrés en dedans et les index arrondis en cercle. Le cercle formé par les mains et les index représente la « corde », symbole de la « Grande pitié de Bouddha », qui englobe tous les êtres sans exception, « comme s'ils étaient attachés ensemble avec une corde ». Par ce sceau, le prêtre acquiert la possession parfaite de cette Grande vertu de pitié.

NIORAÏ SHÏN

JOU LAI SIN

Esprit de Tathâgata.

Le prêtre se propose d'acquérir la vertu de la « Grande Intelligence des Bouddhas », et, à cet effet, il joint fortement les mains en croisant les doigts, à l'exception des médius dressés et se touchant par leurs extrémités.

Les mains jointes représentent « l'Esprit du Tathâgata plein comme la pleine lune » ; les médius [1] dressés et légèrement inclinés à droite symbolisent la lumière de la Grande Intelligence que les Bouddhas font sortir de leur esprit.

---

1. Élément Feu.

NIORAÏ HOSSÔ

JOU LAI TSHI

Nombril de Tathâgata.

Dans la terminologie bouddhique, le nombril, appelé « Mer de vie », est considéré comme le centre vital. Pour obtenir le bonheur de la paix profonde dont jouissent les Bouddhas, l'officiant procure le calme à cette « Mer de vie » au moyen de ce sceau, ou, autrement dit, acquiert le Nombril de Tathâgata. Le geste mystique est à peu près le même que la mudrâ précédente, seulement, au lieu des médius, on dresse les annulaires, par ce que, comme le nombril, ils symbolisent l'élément Eau. Le croisement des doigts est le symbole de la « solidité inébranlable » de la paix ainsi obtenue.

NIORAÏ KOSHI

JOU LAI YAO

Reins de Tathâgata.

Les reins (ou les hanches) constituent la base sur laquelle repose le corps entier, la partie la plus solide de la charpente humaine ; c'est pourquoi on en fait « l'asile sûr où le Bouddha peut résider en paix », lorsque, par la vertu de ce sceau, son corps devient le corps même de l'officiant. Pour exécuter cette mudrâ les mains sont jointes comme dans les deux précédentes, et seul l'annulaire de la main droite est levé ; il représente l'officiant qui déjà réside dans le Monde de Bouddha. Les autres doigts entrelacés figurent ses reins, habitation sûre et solide du Bouddha.

NIORAÏ ZÔ

JOU LAI TSHANG

Réceptacle de Tathâgata.

78

Le mot *zô* a le sens de « contenir, renfermer », et la mudrâ de *Nioraï zô* exprime l'idée que « le corps de l'officiant contient celui de Bouddha à l'état de corps de la Loi » (en sanscrit : Dharma-kâya [1]).

Pour former ce sceau, les mains sont jointes par les annulaires croisés, les index repliés s'appuyent sur les extrémités des pouces, les médius et les auriculaires dressés se touchent respectivement par leurs bouts. Les médius [2] représentent des flammes; les auriculaires [3] sont les erreurs et les fautes des hommes; les pouces et les index figurent l'ignorance (compréhension insuffisante de la Loi) de l'école Hinayâṇa. Ce qui veut dire que le prêtre, en faisant ce sceau, détruit [4] les erreurs et l'ignorance et fait se manifester le corps d'Intelligence des Tathâgatas.

FOU KÔ

PHOU KOANG

Lumière éternelle.

79

C'est le symbole de la lumière qui évolue sans s'éteindre jamais. Il signifie que « la Lumière de Bouddha enveloppe le corps du prêtre » (comme un vêtement protecteur). Les médius [5]

---

1. Les Bouddhas ont trois corps : « Nirmana-Kâya, Sambhoga-kâya et Dharma-kâya ». Ce dernier est absolument spirituel.
2. Élément Feu.
3. Élément Terre.
4. Littéralement « brûle ».
5. Élément Feu.

représentent le « Corps de lumière » ; les index [1] « avivent la lumière » ; les autres doigts figurent le corps de l'officiant qui, tout en faisant ce geste, médite sur la Lumière de Bouddha qui enveloppe son corps.

NIORAÏ KÔ

JOU LAI KIA

Casque de Tathâgata.

80

Répétition de la *mudrâ de l'armure* [2], seulement ici l'officiant exécute une seule fois le *kadji* [3], au lieu de le pratiquer sur les différentes parties de son corps. Il revêt l'armure de Bouddha comme une protection contre les dangers et les souillures.

NIORAÏ GÉTSOU

JOU LAI CHE SIANG

Langue de Tathâgata.

81

Ce sceau a pour objet de procurer au prêtre la possession et la puissance de la « Langue de Bouddha », figurée par les pouces repliés de façon que leurs extrémités soient enserrées dans les huit autres doigts levés et joints. Grâce à lui, la langue de l'officiant devient la « véritable langue véridique et infaillible du Bouddha [4] ».

---

1. Élément Air.
2. Voir le sceau n° 34.
3. Purification et consécration.
4. Voir, au sujet de la puissance de la Langue de Bouddha, E. Burnouf, *Lotus de la Bonne Loi,* page 234 (in-4°, Paris, 1852).

NIORAÏ GÔ

JOU LAI YU

Parole de Tathâgata.

Le prêtre, en possession de la Langue de Bouddha, doit acquérir la « véritable parole de Bouddha ». C'est là le but de ce sceau, qui s'exécute ainsi : On lève les médius, les pouces et les auriculaires en les faisant se toucher respectivement par leurs bouts ; on plie les annulaires et les index, en laissant entre ceux-ci et les pouces un espace qui figure les lèvres. Lorsque le prêtre sanctifie sa bouche en y appliquant cette mudrâ, il acquiert la « puissance miraculeuse de la véritable parole véridique des Bouddhas ».

NIORAÏ GA

JOU LAI YA

Dent de Tathâgata.

Les deux canines (supérieures) d'un Tathâgata ont la vertu de transformer en médicaments bienfaisants les poisons les plus redoutables. Ce sceau a pour effet de communiquer la même vertu à celles de l'officiant. Il s'exécute en rapprochant les mains, les trois derniers doigts et les pouces dressés, en laissant entre elles un certain espace qui représente la bouche. Les bouts des index repliés figurent les dents.

NIORAÏ BENZETSOU

JOU LAI PIEN CHOE

Éloquence de Tathâgata.

Par Éloquence on entend la « facilité et la liberté de la prédication de la Loi ». Le sceau se fait en rapprochant les mains, les trois derniers doigts et les pouces levés, les index appliqués contre la face dorsale des médius. Les pouces représentent la langue. Tout en récitant le mantra, le prêtre fait mouvoir légèrement ses pouces pour simuler le mouvement de la langue et exprimer symboliquement la « facilité et la liberté de la parole ».

NIORAÏ DJOU RIKI [1]

JOU LAI CHI LI

Dix forces de Tathâgata.

On entend par là dix « vertus infaillibles » que seuls les Bouddhas possèdent, ou, autrement dit, une Puissance infinie sans égale dans les Dix Quartiers du Monde. D'après le Chô djô hossou [2] ces dix forces sont :

1. — « Force de connaître les bons et les mauvais résultats. »

Force d'intelligence en vertu de laquelle le Tathâgata sait juger que telles actions sont bonnes et, par conséquent, produisent de la satisfaction, et que telles autres sont mauvaises et, par conséquent, n'apportent pas de satisfaction [3].

2. — « Force de connaître les conséquences des actions passées, présentes et futures. »

Force d'intelligence en vertu de laquelle les Tathâgatas peuvent juger sans erreur les conséquences que les êtres vivants subissent et subiront de leurs actions dans les Trois Vies [4].

---

1. En sanscrit Riddhi, « puissance magique ».
2. Partie du Tripitaka japonais.
3. E. Burnouf, *Lotus de la Bonne Loi*, pp. 781 et suiv. : Première Force. — Force de la science des positions et des non-positions. — Force de la science du stable et de l'instable. — Force de la science du juste et de l'injuste, du possible et de l'impossible.
4. Force de la connaissance de la maturité complète des actions. — Science de la maturité complète des œuvres. — Connaissance des degrés qui échoient universellement (aux êtres). (E. Burnouf, *l. c.*).

3. — « Force de connaître la capacité de se délivrer des passions au moyen des diverses méditations. »

Il y a des méditations profondes et peu profondes. Les premières sont celles des Bodhisattvas, les secondes celles des Arhats. Cette force est une puissance d'intelligence en vertu de laquelle les Tathâgatas peuvent connaître la qualité et le degré de capacité des êtres vivants à se délivrer des passions par la méditation [1].

4. — « Force de connaître la supériorité et l'infériorité des esprits. »

Force d'intelligence en vertu de laquelle un Tathâgata peut juger sans se tromper de la supériorité ou de l'infériorité de l'esprit de ses disciples et des fidèles [2].

5. — « Force de connaître la capacité de compréhension (des doctrines bouddhiques) de tous les êtres. »

Force d'intelligence en vertu de laquelle un Tathâgata peut juger sans erreur jusqu'à quel point les êtres vivants sont aptes à comprendre les doctrines bouddhiques [3].

6. — « Force de connaître les différents mondes. »

Force d'intelligence en vertu de laquelle un Tathâgata peut juger de l'homogénéité, de la dissemblance et de tous les états des diverses sociétés qui peuvent exister dans les Dix Quartiers du Monde [4].

---

1. Force de la connaissance de la foi de tous les êtres. — Connaissance des divers respects. — Connaissance des éléments multiples et des éléments divers (E. Burnouf, *l. c.*).

2. Force de la connaissance des éléments multiples. — Force de la science des diverses régions. — Connaissance des diverses inclinations ou dispositions des êtres (E. Burnouf, *l. c.*).

3. Force de la connaissance de celui qui est supérieur et de celui qui est inférieur par les organes des sens. — Science des organes bons et mauvais. — Connaissance de la mesure diverse des conséquences résultant des déterminations d'agir passées, présentes et futures (E. Burnouf, *l. c.*).

4. Connaissance de la totalité des contemplations, des affranchissements, des méditations et des acquisitions. — Force de la science qui entre dans l'indifférence mystique. — Connaissance de la corruption, de la disparition (des obstacles) et du réveil (habileté à se relever de ses acquisitions) en ce qui touche la totalité des contemplations, des affranchissements, des méditations

7. — « Force de connaître tous les chemins qui mènent (au salut). »

Connaissance des degrés auxquels peuvent parvenir les hommes et les dieux de faible intelligence et les Bodhisattvas de grande intelligence [1].

8. — « Force de voir sans obstacle avec les yeux du ciel. »

Le *ciel* veut dire « liberté, facilité » ; les *yeux du ciel* signifient la force par laquelle un Tathâgata peut voir les Dix Quartiers du Monde sans se tromper. En vertu de cette force, le Tathâgata voit et juge infailliblement la naissance et la mort, les actions bonnes et mauvaises de tous les êtres [2].

9. — « Force Mou-rô de connaître le Shikou-miô de tous les êtres. »

Shikou veut dire « ancien, passé » et *Miô* « la vie dans les temps passés » ; *Mou-rô*, signifie « absence de mauvaise pensée ou de mauvaise action de l'esprit et du corps », parce que le Tathâgata est exempt de passion.

Cette force est donc la connaissance des souffrances, des plaisirs, des naissances et des morts de tous les êtres et du « moi » (Bouddhas et autres êtres) dans les existences passées [3].

10. — « Force de savoir couper pour toujours le Shiou-ki. »

Shiou-ki veut dire « l'essence de l'habitude » ; c'est comme le parfum qui reste dans un vase où l'on a brûlé de l'encens ; en d'autres termes, c'est la faute provenant d'habi-

---

et des acquisitions. — Connaissance exempte d'obstacles qui permet de dire : voici la corruption, voici le réveil, en ce qui touche les actions désignées, les contemplations, les affranchissements, les méditations et les acquisitions désignées (E. Burnouf, *l. c.*).

1. Connaissance de l'affranchissement et de la disparition des corruptions du mal. — Connaissance de la mesure de la supériorité ou de l'infériorité des organes des autres créatures, des autres individus (E. Burnouf, *l. c.*).

2. Force de la connaissance du souvenir des anciennes demeures. — Science qui se rappelle les séjours antérieurs. — Connaissance du souvenir des anciennes demeures (E. Burnouf, *l. c.*).

3. Force de la connaissance des chutes et des naissances. — Science qui connaît la migration des âmes et la naissance. — Connaissance de la vue divine (E. Burnouf, *l. c.*).

tudes soit spirituelles, soit corporelles. Le Tathâgata sait comment détruire ces fautes d'habitudes et les empêcher de se reproduire jamais [1].

Le sceau de ce rite — formé par la jonction des mains, les pouces et les auriculaires repliés et les trois autres doigts dressés, symbolise la « solidité de ces Dix Forces » et n'est qu'une légère variante du *Renghé go chô*, « Jonction de mains de lotus [2] ». Si l'on emploie le sceau de la Jonction de mains de lotus, au lieu de celui de *Kengô bakou In*, « Croisement solide des mains », c'est parce que la Jonction de mains de lotus représente l'esprit de l'homme et qu'on veut exprimer l'idée que l'officiant, un homme comme les autres, acquiert instantanément les Forces des Bouddhas.

NIORAI NEN CHÔ

JOU LAI NIAN TCHHOU

Pensée de Tathâgata.

A quoi pense un Tathâgata ? A l'identité et à l'homogénéité de toutes les lois, à l'intérêt égal que lui inspirent tous les êtres. C'est cette pensée qu'il s'agit de faire éclore dans l'esprit de l'officiant. A cet effet, le prêtre joint ses mains, les trois derniers doigts dressés, et fait toucher les bouts de ses index aux extrémités de ses pouces ; puis il fait le geste de « lancer les index » comme un ressort qui se détend. Tel est le symbole de la Pensée de Tathâgata.

---

1. Force de la destruction des souillures du vice. — Science qui connaît le développement et le déclin (E. Burnouf, *l. c.*).
2. Voir le sceau n° 9.

ISSAÏ HÒ BIO DÒ KAÏ GÓ

YI TSHIE FA PHING TENG [1]

Inspiration de l'égalité et de l'homogénéité de toutes les lois.

Ce sceau a pour but d'inculquer à tous les êtres le principe de « l'égalité et de l'homogénéité des lois », principe dont l'officiant s'est pénétré par le rite précédent. C'est pourquoi on le nomme *Grand sceau de la conversion des êtres*.

L'eau et le vide [2] étant de même nature et égaux, le prêtre réunit ses pouces [3] et ses annulaires [4] repliés, en dressant les autres doigts. Par ce geste, accompagné de la récitation d'une dhâraṇî, il acquiert le pouvoir d'inspirer aux êtres ce grand principe du bouddhisme.

FOUGUEN BOSATSOU NIÓ ISHOU

PHOU YEN JOU YI TCHOU

Boule précieuse de la volonté de Fouguen Bodhisattva.

Bien que le nom de Fouguen, « sagesse universelle », soit donné à un Bodhisattva particulier, tous les hommes peuvent devenir des Fouguen Bodhisattvas, à la condition de posséder la vertu de *Miô zen fou hen*, « Miracle du bonheur universel », parce que Fouguen est la personnification de cette vertu. Fouguen a le pouvoir de combler de joie les êtres en leur procurant tout ce qu'ils désirent, et

---

1. Les caractères correspondant à *Kaï go* manquent.
2. Ou l'Éther.
3. Élément Éther ou Vide.
4. Élément Eau.

ce pouvoir l'officiant l'acquiert par la vertu du sceau, en même temps que l'état de Bodhisattva.

La « Boule de la volonté », *Niô ishou*, est la pierre précieuse, appelée en sanscrit Çintamani, qui est douée du pouvoir de produire toutes choses et de satisfaire les êtres. Elle est représentée par la figure formée avec les deux mains en faisant se toucher par leurs extrémités les doigts symboliques des éléments Terre, Eau et Feu [1], légèrement repliés, les index appliqués sur la face dorsale des médius.

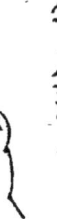

DJI SHI BOSATSOU

TSHEU CHI

Bodhisattva de l'amour de tous les êtres.

Ce Bodhisattva est Mirokou [2], caractérisé par son profond amour pour tous les êtres. L'officiant s'identifie à Mirokou lui-même en méditant sur cet amour profond. Le sceau qu'il forme en rapprochant les mains sans les joindre, les trois derniers doigts se touchant par leurs extémités et le bout des index repliés s'appuyant sur les extrémités des pouces, s'appelle en sanscrit Stûpa [3] et symbolise « l'esprit des êtres ». Il signifie que, de même que le Bouddha réside dans le stûpa, de même « l'essence du corps de Bouddha » remplit l'esprit des êtres. Le souci principal de Mirokou est de faire connaître cette grande vérité à toutes les créatures, idée qui est exprimée par la pagode à cinq étages que l'on place dans sa main.

1. Auriculaires, annulaires et médius.
2. En sanscrit Maitréya, successeur désigné de Çâkyamouni, personnification de la Maitri, ou « amour des êtres ».
3. Les Stûpas sont des chapelles funéraires ou simplement des monuments élevés en l'honneur d'un mort sans qu'ils contiennent rien; mais, dans un cas comme dans l'autre, l'esprit du Bouddha ou du saint, en l'honneur duquel le monument a été érigé, réside effectivement dans le stûpa.

SANZÉ MOU GHÉ RIKI MIO HI

SAN CHI OOU 'AI LI MING FEI [1]

Reine de la force sans obstacles dans les Trois Vies.

Par ce rite l'officiant pénètre dans le « Monde de la Force sans obstacles des Trois Vies ». Les Trois Vies sont le passé, le présent et le futur, et la Force sans obstacles est la puissance d'exercer librement sa volonté dans ces Trois Vies ou Mondes.

Mio, « clair [2] », traduction du mot sanscrit dhâranî, exprime l'idée que la « dhâranî possède les vertus de victoire et de lumière ».

Hi signifie « Reine » et aussi « femme ». La caractéristique de la femme étant la douceur, l'officiant lui emprunte ce caractère pour pénétrer dans le Monde des Trois Vies, lorsqu'il prononce la dhâranî de la Reine de la force sans obstacles dans les Trois Vies. Le sceau se fait de la même manière que celui du *Front de Bouddha* [3].

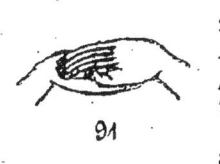

MOU NÔ GAÏ RIKI MIO HI

OOU NENG HAI LI MING FEI

Reine de la force d'invulnérabilité.

La paume de la main droite ouverte repose sur la paume de la main gauche. En exécutant ce geste, le prêtre acquiert la prérogative d'être invulnérable et inaccessible aux maléfices des esprits du mal. C'est pourquoi on appelle également ce sceau *Mou nô chô djô*. « vaincre sans arrêt ». On lui

---

1. Il y a erreur dans le troisième caractère.
2. Et aussi « lumière, lumineux ».
3. Voir le sceau n° 67.

donne aussi le nom de *Sceau des corbeilles du livre* [1], parce qu'il renferme cette vérité que les « Bouddhas et tous les êtres ne forment qu'un seul et unique corps », principe que les Bouddhas des Dix Quartiers du Monde prêchent comme base fondamentale du bouddhisme. On voit, en effet, que la main gauche — qui représente les êtres — et la main droite — symbole du monde des Bouddhas — sont étroitement réunies de manière à ne former qu'un corps ou une masse unique.

Dès que l'officiant a accompli ce rite, les Bouddhas, les êtres et son Moi sont parfaitement égaux et homogènes et ne font plus qu'un seul et même corps. Tous ces êtres étant égaux rien ne peut nuire au Moi, rien ne lui est supérieur. Le Moi (du prêtre) est alors le « roi de tous les êtres et de l'univers entier » et ne fait qu'un seul et même corps avec tous les êtres et avec l'univers entier.

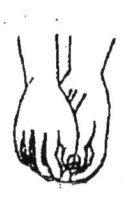

DAÏ KAÏ

TA HAI

Grand Océan.

92

Il s'est agi, jusqu'à présent, d'acquérir la possession parfaite des vertus (ou qualités) du corps et de l'esprit; maintenant, il faut de nouveau purifier et sanctifier le temple, le transformer en « Terre pure de Bouddha », inviter les Bouddhas et leur donner joies et plaisirs. Ce résultat s'obtient par la méditation de la Transformation, ou du Grand Océan.

Pour en faire le sceau, le prêtre tend vers le sol ses mains, les doigts entrelacés, puis remue un peu les huit doigts (les pouces restent immobiles) afin de simuler les « vagues des Eaux de huit Mérites » qui constituent le Grand Océan.

Le dessin du sceau est inexact.

---

1. En sanscrit Tripitaka.

KONGÔ SHI DJÏ KÉ

KIN KANG CHEOU TCHI HOA

Fleurs tenues dans les mains de Vajra.

Dans cet océan, il faut faire naître des fleurs de lotus, ce qui se produit en faisant le sceau des *Cinq kôs*[1] ou cinq foudres. Le dessin ci-dessus représente les mains ouvertes, c'est une erreur ; elles doivent êtres fermées pendant que l'on médite sur les « tiges de lotus ».

KÉ DAÏ

HOA THAI

Pétales de fleurs.

C'est de fleurs de lotus qu'il s'agit. Le sceau qui les fait éclore est identique, comme forme, à celui de *Djou-ni Koudji shin*, « sceau des douze parties [2] », et de *Rin bô*, « Trésor de la Roue ». On l'appelle sceau de *Karouma* [3], « résultat parfait des travaux et des actes ». Les tiges de ces lotus sont représentées par le sceau de *Cinq kôs* ou des Cinq dards de Vajra. Tout en faisant ce geste, l'officiant médite sur la forme du Trésor de la Roue.

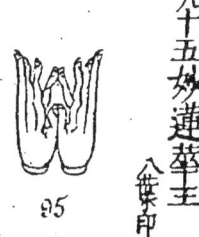

MIO RENGHÉ HÔ

MIAO LIEN HOA OANG

Roi de la fleur de lotus miraculeuse.

Le prêtre médite sur la Fleur de lotus à huit pétales et fait le sceau de *Soui rin* [4],

---

1. Voir le sceau n° 43.
2. Voir le sceau n° 48.
3. En sanscrit *Karma*.
4. Voir le sceau n° 44.

« Roue de l'eau ». Cette fleur éclot sur les pétales du Trésor de la Roue. Elle est d'une dimension telle qu'elle remplit le Monde de la Loi. C'est pourquoi on l'appelle « Roi des lotus du monde, Magasin de fleurs ». Le mot Roi exprime la supériorité.

DÔ DJÔ KOUAN

TAO TCHHANG KOAN

Méditation du temple.

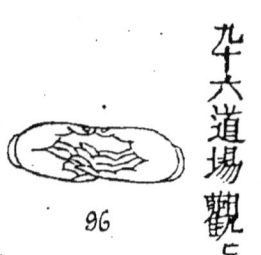

96

Par le sceau précédent, le prêtre a créé le « Roi des fleurs de lotus »; maintenant, il médite qu'il édifie sur ce lotus merveilleux le Mandara de Taïdzô-Kaï[1]. La formule de la méditation de Dô-djô est expliquée en détails dans le Taïdzô-kaï shi-ki.

Dô-djô est le temple où se trouve l'officiant, et comme c'est en ce lieu qu'il « parcourt le chemin qui mène à l'état de Bouddha », on l'appelle « lieu du chemin ».

L'objet de cette méditation est d'édifier en pensée le temple de Taïdzô-Kaï. Le sens du sceau est que la pensée du prêtre est tout entière concentrée dans la méditation et sur un seul et unique objet.

SAN RIKI GHÉ

SAN LI KIE

Trois forces. Sceau universel.

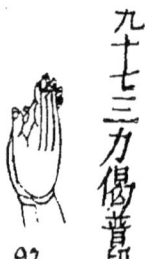

97

Par ces Trois Forces on entend :
1° La Force de conduite, c'est-à-dire « l'accomplissement des rites »;
2° La Force de la pensée de la protection des Bouddhas;
3° La Force miraculeuse du Monde de la Loi.

---

1. Maṇḍala de Garbha-dhâtu.

Lorsque, dans l'univers, un homme possède ces trois forces réunies, il n'y a rien d'impossible pour lui. C'est là ce qu'on appelle la « Grande Force du Monde de Mystère ». L'accord de la Force de la pensée de la protection des Bouddhas et de la Force de la Foi du prêtre aboutit à la manifestation de la Force naturelle du Monde de la Loi. Or, cette Force naturelle du Monde de la Loi existe partout dans l'univers; les Bouddhas et l'officiant en reçoivent également l'impulsion. Lorsque l'officiant parvient à l'équilibre de ces Trois Forces par celle de sa foi, il acquiert la Vertu de la force miraculeuse. C'est à ce moment que le mystère s'accomplit. La gâthâ [1] de ces trois forces exprime cette idée, sur laquelle médite le prêtre en la récitant.

Le geste est celui du *Sceau universel* [2] que nous avons déjà souvent rencontré et décrit.

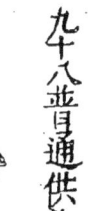

FOU-TSOU KOU-YÔ

PHOU THONG KONG YANG

Offrande universelle.

Fou-tsou signifie « remplir entièrement » (le temple ou le lieu du chemin) et *Kou-yô* exprime l'idée d'embellir ce temple par des offrandes d'objets tels que des bannières, des dais, des lumières, des fleurs, etc.

Les index un peu repliés et se touchant par les bouts, le prêtre médite sur la Boule précieuse Mani, puis, levant ses pouces, il médite sur les bannières et autres objets qu'il veut offrir. De cette Boule précieuse il fait ainsi sortir les offrandes et en décore le temple. C'est en cela que consiste l'Offrande universelle.

---

1. Ici *gâthâ* paraît avoir le sens de *dhâranî*.
2. Voir le sceau n° 8.

DAÏ RÏN-DAN

TA LOEN THAN

Grande Roue.

L'offrande universelle accomplie, l'officiant achève l'embellissement du temple et complète les offrandes au moyen de ce rite. *Daï* est l'adjectif « grand ». *Rïn-dan* est un terme composé du mot chinois *rïn*, « roue », et du sanscrit(?) *dan*, « roue, cercle, milieu, centre, état parfait » ; c'est donc, en réalité, un pléonasme [1].

En exécutant avec ses mains deux Poings de Vajra [2] et en faisant accrocher par leurs bouts ses index et ses auriculaires, l'officiant accomplit le *kadji* [3] de l'espace, du temple et de son corps. En réunissant les deux Poings de Vajra, il affirme la solidité de sa foi.

SHOU CHIKI KAÏ DÔ

TCHONG SE KIAI TAO

Tracer des limites, ou un chemin, de différentes couleurs.

Une fois que le temple est orné, il faut déterminer la place qu'occupera chaque Bouddha. L'officiant détermine cette place en fixant les points limites à l'aide du *gokô*, ou « foudre à cinq dards », puis il les réunit par une ligne (ou un trait) de cinq couleurs [4], ou de couleurs mélangées. C'est cette opération que l'on nomme *Shou chiki kaï dô*. Le temple représentant le monde de Taïdzôkaï, il y a treize sections à établir suivant les règles prescrites par le Taïdzô-

---

1. Explication du commentateur. Il s'agit sans doute ici d'une formule mystique.
2. Voir le sceau n° 16.
3. Purification et consécration.
4. Les cinq couleurs sacrées : blanc, rouge, jaune, vert, noir (ou bleu).

kaï shi ki. Le sceau se fait en réunissant les mains au moyen des annulaires croisés, les pouces étant accolés, les index levés verticalement, les médius et les auriculaires dressés et se touchant par leurs extrémités.

KOUAN MANDARA
KOAN OAN KONG LO [1]
Méditation sur le Mandara [2].

Les places des treize sections déterminées et les limites tracées, le prêtre produit l'image de chaque Bouddha. D'abord, il fait le sceau de *Djô*, « méditation, extase [3] », afin d'acquérir la tranquillité d'esprit. Puis il médite sur la place de Daï Niti Nioraï, qui doit occuper le centre du temple, et successivement sur les places des autres Bouddhas. La formule de cette méditation est indiquée dans le Taïdzô-kaï shi ki. Son sceau se fait en déposant sur les genoux le dos des mains de façon que les doigts de la main droite empiètent de deux phalanges sur ceux de la gauche, les pouces se touchant par leurs extrémités.

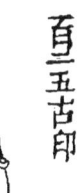

GOKÔ IN
OOU KOU YIN
Sceau de la Foudre à cinq dards.

Après avoir médité sur Daï Niti Nioraï et les autres Bouddhas du Mandara, et créé par la puissance de sa méditation les corps de ces divinités, l'officiant rend son œuvre parfaite, la purifie et la sanctifie en exécutant le sceau de la *Foudre à cinq dards* [4], parce que

---

1. Le troisième caractère est faux; il manque la syllabe *da*.
2. En sanscrit, *Maṇḍala*.
3. En sanscrit, *Samâdhi*.
4. *Gokô*, en sanscrit *Vajra*.

ce sceau représente le corps de Daï Niti Nioraï, qui possède à l'état parfait les Cinq Intelligences.

Les Cinq Intelligences de Daï Niti sont :

1° *Hokaï taï chô tchi*, « Principe de l'Intelligence du monde de la Loi », ensemble des quatre autres Intelligences, ce qui fait que parfois on ne parle que de quatre Intelligences au lieu de cinq ;

2° *Daï yén kiô tchi*, « Intelligence du grand miroir circulaire », qui permet de voir (d'un seul regard) tous les êtres qui existent dans les Dix Mondes [1] ;

3° *Bio dô chô tchi*, « Intelligence qui permet de considérer tous les êtres comme étant égaux sans distinction » : ces deux Intelligences n'ont pas pour objectif l'activité ni l'action sur autrui ;

4° *Mio kan sa tchi*, « Intelligence de contrôle et de jugement, ou de prédication » ;

5° *Djô chô sa tchi*, « Intelligence qui permet d'accomplir parfaitement tous les actes » : ces deux dernières Intelligences ont pour objectif l'action sur autrui.

DJI RÔ

TCHI LOU

Préparation du chemin.

Le Mandara étant édifié et l'image de Daï Niti Nioraï produite au milieu de ce Mandara, l'officiant s'occupe de faire venir dans le temple les Daï Niti Nioraïs des autres mondes, afin qu'ils se réunissent et se confondent avec les autres divinités présentes, en ne

---

1. Ces dix Mondes sont : 1° Monde des Bouddhas ; 2° Monde des Bodhisattvas ; 3° Monde des Dieux ; 4° Monde des Génies supérieurs ; 5° Monde des Hommes ; 6° Monde des Génies inférieurs, Asouras ; 7° Monde des démons Yakchas ; 8° Monde des démons affamés ou Prétas ; 9° Monde des animaux ; 10° Monde des Enfers.

formant avec elles qu'un seul et même corps. Il accomplit cette tâche au moyen du sceau de la *Préparation du chemin.*

Comme son nom l'indique, ce sceau a pour objet et but d'aplanir et de rendre net le chemin par lequel les Bouddhas se rendront au temple. A cet effet, l'officiant prend de la main droite l'encensoir à manche, allume l'encens et élève l'encensoir à la hauteur de son front.

Dans le dessin, l'encensoir est remplacé par une fleur de lotus.

DJÔ FOUDÔ

TCHHENG POU TONG [1]

Devenir, ou faire, Foudô.

Ce rite se compose d'une série d'actes figurés par les sceaux 104 à 110. Par sa vertu, le dieu Foudô Mio Hô [2] s'incarne dans le corps de l'officiant afin de lui donner la puissance de chasser les mauvais esprits et d'écarter les obstacles qui s'opposent à l'arrivée des Bouddhas.

Le premier acte à accomplir est de revêtir le corps et la personnalité de Foudô ; ce que le prêtre exécute en sanctifiant son propre corps par l'application sur sa poitrine du sceau de *Foudô Ken*, ou Poings de colère.

---

1. Il y a une faute dans le dernier caractère.
2. Le dieu Foudô Mio Hô (*Fou-dô* « immobilité, immuabilité »), chef des divinités appelées Mio hôs ou Tembous, transformation du Bouddha suprême Daï Niti Nioraï, est particulièrement chargé de faire la guerre aux mauvais esprits et aux démons perturbateurs du sacrifice. On le représente avec une figure terrible, deux ou quatre bras, armé d'une épée et d'un lacet, entouré d'une auréole de flammes, assis ou debout sur un rocher d'où jaillit une cascade, ou quelquefois debout sur un dragon.

Flammes de Foudô.

Étendant ensuite les index des Poings de colère, de façon à ce qu'ils se touchent par leurs bouts, il forme un triangle, symbole du feu, et produit à l'état parfait les Flammes de Foudô Mio Hô, en se purifiant par l'application de ce sceau sur sa poitrine en même temps qu'il prononce la dhâraṇî de *Ra* [1].

Tirer l'épée.

Foudô Mio Hô est armé d'une épée pour combattre les démons. Cette épée est figurée par la main droite du prêtre, l'index et le médius étendus, le pouce replié sur les ongles des deux derniers doigts. La main gauche — qui fait un geste identique — représente le fourreau et se place sur la cuisse gauche.

Dans le dessin, l'épée est au fourreau et le prêtre se dispose à la tirer.

Première menace.

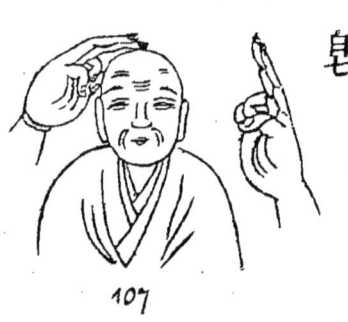

Le prêtre tire l'épée, la place sur son sein droit et pose le fourreau sur son crâne, en le faisant tourner trois fois. C'est la première menace.

Le dessin est mal exécuté.

---

[1]. *Ra*, mot sanscrit, qui signifie « chaleur, combustion », ce qui explique comment le bouddhisme mystique a pu le prendre pour équivalent et symbole d'Agni ou du feu. Le caractère même, avec lequel il est écrit a reçu de ce fait la même valeur mystique sacrée.

Remettre l'épée au fourreau.

L'officiant ramène sa main gauche sur sa cuisse gauche et remet l'épée au fourreau.

Seconde menace.

Le prêtre tire de nouveau l'épée et l'apporte sur son sein droit ; puis, brandissant l'épée, il purifie le temple dans toutes ses parties, de haut en bas et aux quatre points cardinaux, afin d'en chasser les démons. Pendant ce temps, la main gauche reste sur la cuisse gauche.

Remettre l'épée au fourreau.

Les démons sont en déroute complète et le prêtre remet l'épée au fourreau.

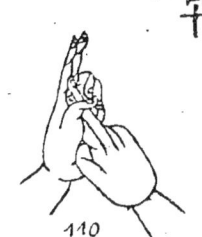

SHÏN RÉI

TCHEN LING

Sonner le grelot.

Cet acte a pour but de « réveiller » les Bouddhas, les Bodhisattvas, les Dieux et les Génies des Dix Quartiers du Monde, et de leur faire savoir qu'on les attend. Pour sonner le grelot, le prêtre tenant le grelot de la main droite et le gokô[1] de la main gauche, les élève à la hauteur de son front.

Le grelot et le gokô manquent sur le dessin.

1. Foudre à cinq dards.

KOUAN DJÔ
KOAN TSHING

Recevoir avec empressement.

Ce premier geste se nomme *Sceau de la réception générale* des Bouddhas, Bodhisattvas, Dieux et Génies des Dix Quartiers du Monde dans le temple transformé (en intention) en un paradis de fleurs.

Le prêtre croise ses doigts dans l'intérieur des mains et agite l'index de la main droite, tout en prononçant la dhâraṇî d'invitation. Le mouvement de l'index symbolise l'appel.

Réception des Bouddhas.

Ce sceau consiste à croiser les doigts dans l'intérieur des mains, comme pour le précédent, en laissant libres les pouces qui sont, dans ce cas, l'instrument d'appel.

Réception des Bodhisattvas.

Même geste que précédemment, seulement le pouce gauche est replié à l'intérieur des mains et l'appel se fait avec le pouce droit.

Réception des Dieux et des Génies.

Même geste, avec la différence que c'est le pouce gauche qui fait l'appel.

En exécutant le sceau de la *Réception générale* et les trois sceaux des *Réceptions particulières*, l'officiant invite et fait venir dans le temple toutes les divinités des Dix Quartiers du Monde.

SAKOU IN
SO YIN
Sceau de la corde.

Ce sceau et les deux suivants composent une série de rites en l'honneur des divinités invitées. La Corde se fait en joignant les mains fermées et en levant les index qui se touchent par le bout. En même temps qu'il exécute ce geste, l'officiant médite sur l'entrée des divinités des Dix Quartiers du Monde dans le temple. La corde symbolise un lien qui retient les Dieux dans l'enceinte du temple.

SA IN
SOO YIN
Sceau de la Chaîne.

L'intention de ce sceau est de retenir le plus longtemps possible les divinités dans le temple, en leur procurant une satisfaction parfaite. Les cinq doigts fermés des deux mains appliquées l'une contre l'autre et croisées de droite à gauche figurent une chaîne qui retient moralement les divinités.

RÉI IN
LING YIN
Sceau du Grelot.

Le grelot éveille l'idée de joie et de contentement ; mais il y a deux genres de joie : se réjouir soi-même et réjouir autrui. Ces deux nuances se rencontrent certainement ici, mais l'idée principale est de se réjouir de l'arrivée des divinités dans le temple.

La main droite ouverte, dirigée vers le sol en formant un angle avec le bras, représente le grelot, et le pouce ramené dans l'intérieur de la main figure le battant du grelot.

KENDJÔ DJOU MA

KHIEN TCHHOU TSHONG MO

Chasser les démons qui suivent les invités.

L'officiant, craignant que quelque démon s'introduise, à la suite des divinités des Dix Quartiers du Monde, dans le temple que sa présence souillerait, veut empêcher ces êtres malfaisants d'entrer et, pour les effrayer, recommence la série des gestes de menace du sceau de Foudô Mio Hô [1].

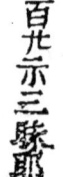

DJI SAMMAYA

SAN MEI YE

Manifestation du Samaya.

En sanscrit, le mot Samaya comprend quatre idées : 1° l'idée d'écarter les obstacles ; 2° l'idée de réveil ; 3° l'idée de désir ou de vœu principal ; 4° l'idée d'égalité [2]. Ici, c'est surtout l'idée d'égalité qui se manifeste, c'est-à-dire l'idée que l'officiant, les divinités du Mandara qu'il a créé et les divinités des Dix Quartiers du Monde forment un seul et même corps. La notion de distinction entre eux a disparu, n'existe plus.

Pour manifester cette idée, l'officiant récite la dhârani de l'*Égalité de Trois*, forme le sceau de la *Purification des Trois actes* [3] et médite sur le principe de l'Égalité de Trois. Telle est la manifestation du Samaya.

---

1. Voir les sceaux 108, 109, 110.
2. Interprétation japonaise traditionnelle. Pour le sens de *Samaya*, voir la note 1 de la page 8.
3. Voir les sceaux n°s 2 et 31.

Mais l'officiant n'est pas seul à produire cette manifestation : les divinités des Dix Quartiers du Monde en font autant, et c'est ce qu'on appelle « Manifestation réciproque du Samaya ».

Par là on peut comprendre que ce ne sont pas seulement les âmes des morts qui obtiennent le Nirvâna, mais qu'il est possible d'y atteindre pendant la vie présente. « On peut devenir Bouddha sans quitter cette existence », c'est là le sens de l'idée bouddhique que « Les Trois Vies ne font qu'un seul et même corps ».

AKKA
'O KIA
Eau.

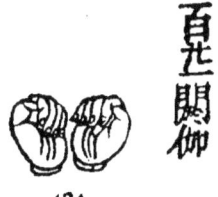

Le mot *Akka* est sanscrit [1] et signifie Eau. Sur l'autel du temple du Mandara se trouve toujours un vase contenant de l'eau. Prenant à deux mains le vase et son support, l'officiant les élève à la hauteur de son front, puis avec la main droite il

---

1. *Akka* n'est sanscrit ni dans la forme ni dans le sens qui lui sont donnés ici ; mais il paraît permis de l'identifier avec le sanscrit *Argha* (la Brhadāranyaka-Upaniṣad, I, 2-2, donne la forme *arka*), offrande composée de huit objets (eau, riz, fleurs, fruits, gâteaux, parfums, lumières), terme qui se retrouve encore dans *argha-pâtra*, nom du vase avec lequel se font les ablutions d'eau du Gange sur les images de Viṣṇu (Muir, *Hindu Pantheon*, pl. 86). Cette offrande a passé dans le Bouddhisme tibétain sous le nom de « Offrandes essentielles » (L. A. Waddell : *Lamaism*, p. 425), seulement là le terme *argha*, au lieu d'être la dénomination générale de l'offrande, ne désigne plus qu'un de ses actes, la présentation d'eau à boire. Voici la liste de ces huit offrandes : 1. *Argham* « excellente boisson d'eau de rivière » ; 2. *Pâdyam* « eau fraîche pour laver les pieds » ; 3. *Pukhpe* « fleurs » ; 4. *Dhupe* « encens » ; 5. *Aloke* « lampes » ; 6. *Gandhe* « eau parfumée pour oindre le corps » ; 7. *Naividya* « nourriture sacrée » ; 8. *Sabta* « cymbales ou musique ». Nous retrouverons plus loin (paragraphes 136 et suivants) six de ces offrandes, à commencer par celle d'eau à boire ; seulement l'auteur de notre livre ne fait pas la différence entre l'*argham* et le *pâdyam* et donne également le nom d'*Akka* à l'eau destinée au bain et à la boisson. Ici, c'est du *pâdyam* qu'il est question.

répand par aspersion quelques gouttes de cette eau et médite sur le *bain* qu'il se propose d'offrir à chacune des divinités venues des Dix Quartiers du Monde.

Le dessin du sceau est inexact; la véritable mudrâ consiste à joindre les mains en forme de coupe, ainsi que l'indique la figure 140.

KÉ ZA

HOA TSO

Tapis de lotus. Sceau des Huit Feuilles.

Ce sceau a déjà été donné plusieurs fois [1]. Ici il a pour but d'offrir à chaque divinité, après le bain, un tapis de fleurs de lotus en guise de siège.

ZEN RAÏ GHÉ

CHAN LAI KIE

Paroles de bienvenue. Jonction de mains de Koñgô.

Chaque divinité s'étant assise sur son tapis de lotus, l'officiant les remercie et leur souhaite la bienvenue en exécutant le sceau de la *Jonction de mains de Vajra* [2].

DJÔ CHÔ KO GÔ

TCCHOU TCHANG KIA HOU POU TONG

Ajouter des défenses.

Le Mandara est parfait; mais le prêtre, craignant que les démons envahissent le temple, prend de nouvelles mesures de défense, qui consistent à répéter les sceaux de Foudô Mio Hô [3].

---

1. Voir le sceau n° 44.
2. Voir le sceau n° 8.
3. Voir les sceaux n°s 108, 109 et 110.

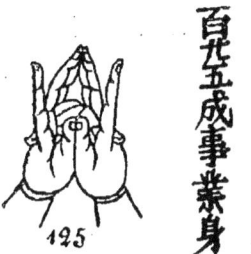

DJÔ DJI GO SHĬN

TCHHENG CHI YE CHEN

Personne accomplissant les actes.

Afin de servir parfaitement les divinités présentes, le prêtre prend la forme de Kongô-satt'a [1] pour devenir le « Corps qui accomplit les actes ». Les Actes sont les offrandes aux divinités et celui qui fait les offrandes est appelé Kongô-satt'a. Le sceau est celui du *Gokô* [2], ce qui signifie que Kongô-satt'a possède la puissance des Cinq Intelligences.

HI KÔ

PEI KIA

Se couvrir de l'armure.

Voir le sceau n° 6.

ON TON

'AN TCHEN

Attacher l'armure.

Voir le sceau n° 7.

Ces deux sceaux faits sur (sa propre personne transformée en) Kongô-satt'a [3], fortifient la foi de l'officiant et le rendent invulnérable aux attaques des démons.

---

1. En sanscrit Vajrasattva. L'un des cinq Dhyâni-Bodhisattvas.
2. Vajra, foudre, à cinq dards.
3. Vajrasattva.

SAÏ FOUKOU CHÔ MA IN
TSHOEI FOU TCHOU MO YIN

Sceau de la victoire sur tous les démons.

C'est le geste par lequel Çàkya-Mouni mit les démons en déroute au moment d'entrer dans l'état de Grande Compréhension [2], sous l'arbre Pipaka [3], à Bouddha-Gayâ, dans le royaume de Maghadha. A l'aide de ce sceau, l'officiant brise et renverse tout ce qui fait obstacle au bouddhisme. L'index de la main droite dressé et élevé à la hauteur du nez est le symbole de la victoire sur les démons.

NAN KAN-NIN
NAN KHAN JEN

Patience difficile.

Ce sceau est le même que celui d'*Impatience* [4]. En le formant l'officiant affirme de nouveau la solidité de sa foi en l'efficacité des rites.

SI HÔ SI DAÏ KAGÔ
SEU FANG SEU TA KIA HOU

Quatre grands Gardiens des quatre points cardinaux.

Aux quatre points cardinaux du temple se tiennent quatre grands Dieux chargés d'en garder les portes

---

1. *Mahâ-Bodhi.*
2. *Bodhi-drûm* « arbre de science », (ficus religiosa); on le nomme aussi *Pipal*.
3. Voir le sceau nº 37.

et de mettre en fuite les démons qui en souilleraient la sainteté. Chacun de ces gardiens naît dans l'esprit de l'officiant par la puissance du sceau, de la dhâraṇî et de la méditation.

Le premier de ces Dieux, appelé le Brave de l'Est, est créé par le sceau formé en rapprochant les mains fermées, les doigts repliés en dedans à l'exception des index qui se dressent et se touchent par leurs extrémités, et figurent un bâton, en sanscrit *Daṇḍa*. Armé de ce bâton le Brave de l'Est se tient debout à la porte orientale.

L'auteur de notre livre a commis la faute de ne pas donner les noms de ces Dieux; celui-ci se nomme Tô-bô Moui.

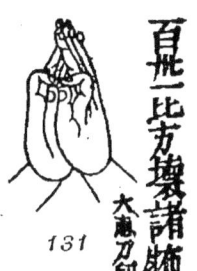

HOPPÔ YIÉ CHÔ FOU
PE FANG HOAI TCHOU POU

Destructeur septentrional de la crainte.
Sceau du Sabre de Grande Intelligence.

Le Destructeur de la crainte garde la porte du nord. Pour le créer on fait le sceau du Sabre de Grande Intelligence [1]. Son rôle est de vaincre les démons par la mudrà du Sabre.

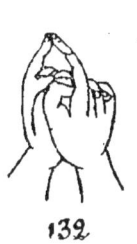

SAIPPÔ NAN GÔ BOUKOU GOCHA
SI FANG NAN KIANG FOU HOU TCHE

Gardien de l'ouest, vainqueur des démons difficiles à vaincre.

Le Vainqueur des démons difficiles à vaincre garde la porte occidentale. Le sceau qui le crée est celui de la *Corde* [2], figurée par les index des mains fermées. Il a pour effet de lier les démons sans leur permettre un mouvement.

---

1. Voir le sceau n° 23.
2. Voir le sceau n° 116.

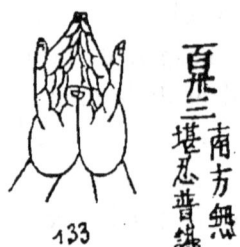

NAMPPÔ MOU KAN-NÏN FOUGÓ

NAN FANG OOU KHAN JEN PHOU HOU

Gardien universel, sans patience, du Sud.

L'expression *sans patience* exprime à la fois le courage et la violence ; le qualificatif *universel* est l'équivalent de « grand ». Le sceau présente les mains rapprochées, sans être jointes, et les index dressés. Ces deux doigts figurent le bâton ; arme du Dieu qui garde la porte méridionale.

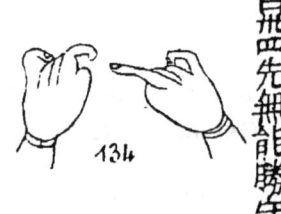

MOU NO CHÓ SHOU-GÓ

SIEN OOU NENG CHENG CHEOU HOU YIN

Gardiens invincibles.

Ce sont huit Dieux, placés deux à chaque porte, et dont la charge est d'aider les Gardiens des quatre points cardinaux. Pour les créer, le prêtre combine deux sceaux déjà connus : de la main droite, il fait le *Poing de Vajra* [1] en étendant l'index, et de la gauche le *Poing de colère* [2]. L'index du Poing de Vajra porté devant la poitrine de l'officiant simule l'acte de frapper ; c'est le symbole du « bâton », dont le prêtre menace les démons. L'index et l'auriculaire de la main gauche, qui fait le Poing de colère, par la manière dont ils sont repliés forment le geste appelé *Ghé In* ou « Sceau des Dents », exprimant que l'officiant médite sur le moyen de détruire les démons en les mordant ou en les déchirant.

---

1. Voir le sceau n° 16.
2. Voir le sceau n° 104.

SÔ KÔ SHOU-GÔ

SIANG HIANG CHEOU HOU YIN

Gardiens de face.

A chaque porte, en face des Gardiens invincibles, sont placés deux autres Dieux de moindre rang, chargés de leur prêter main forte. Ils portent le nom de Gardiens de face. Le sceau qui les évoque est l'inverse du précédent; c'est-à-dire que la main droite fait le *Poing de colère* et la gauche le *Poing de Vajra*.

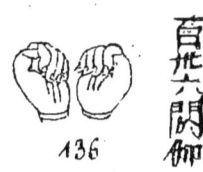

AKKA

'O KIA

Eau.

Toutes les dispositions étant prises, soit pour l'ornementation du temple, soit pour assurer la garde de ses portes, le prêtre s'occupe des offrandes à faire aux divinités invitées. La première est celle de l'*Akka*, « eau consacrée ». Le sceau qui la symbolise est le même que le n° 121 [1]; seulement la première fois il s'agissait d'offrir un bain (ou de laver les pieds) aux Dieux, tandis que maintenant l'Akka est destinée à les désaltérer [2]. Dans le premier cas, nous avions un véritable vase d'eau ; ici ce n'est qu'un geste figurant une tasse que l'officiant remplit de « l'Eau parfumée de huit qualités », au moyen du sceau, de la dhâranî et de la méditation.

---

1. Voir la note du paragraphe 121.
2. C'est donc l'offrande appelée *argham*.

ZOU KÔ

THOU HIANG

Oindre de parfums.

Il s'agit ici d'oindre de parfums le corps des divinités. Pour cela, le prêtre ouvre et élève la main droite — dont les cinq doigts représentent le monde des Bouddhas — en la soutenant avec la main gauche ; puis il la baisse lentement, tout en récitant une dhâranî et en songeant que du bout de ses cinq doigts découle un parfum qui arrose le corps des Dieux.

KÊ MAN

HOA MAN [1]

Guirlande de fleurs.

En troisième lieu doit se faire l'offrande de la guirlande de fleurs. Les mains ouvertes figurent une corbeille et les trois derniers doigts entrelacés une guirlande que l'officiant va présenter à chaque divinité, en se réjouissant de la félicité dont son cœur déborde.

CHÔ KÔ

CHAO HIANG

Brûler des parfums.

La quatrième offrande consiste à brûler des parfums et à encenser les Dieux. Les mains ouvertes représentent le brûle-parfum ; les trois derniers doigts re-

---

1. Le second caractère est faux.

pliés et appliqués dos à dos figurent la fumée des parfums. Cette offrande se fait pour chaque Dieu en particulier.

BON DJIKI

FAN CHI

Riz cuit.

140

Pour faire l'offrande de riz cuit, le prêtre réunit ses mains en forme de coupe, ce qui représente un bol qui se remplit surnaturellement de riz cuit, par la vertu de la dhâraṇî et de la méditation de l'officiant.

TÔ MIO

TENG MING

Lumières.

141

De toutes les offrandes, celle de Lumières est la plus agréable aux Dieux, parce que la lumière, qui dissipe les ténèbres, est pour eux le symbole de l'Intelligence des Bouddhas qui dissipe les ténèbres de l'ignorance et de l'erreur et écarte les obstacles.

Elle s'accomplit de la manière suivante : le prêtre fait le *Poing de Vajra* avec la main gauche qu'il pose sur sa cuisse gauche ; il replie l'auriculaire et l'annulaire de la main droite, appuie le pouce sur les ongles de ces deux doigts et lève, en le pliant, le médius sur le dos duquel il applique l'index. C'est là le sceau de *Lumière*, parce que le médius [1] recouvert par l'index [2] figure le « feu en activité ». Cette offrande se fait pour chaque divinité en particulier.

Le dessin du sceau est mal fait.

---

1. Élément Feu.
2. Élément Air.

FOU KOUYÔ

PHOU KONG YANG

Offrande générale ou universelle..

Les offrandes terminées, l'officiant récite une dhâraṇî et expose aux Dieux le but de l'offrande en exécutant le sceau de la *Jonction de mains de Vajra*.

SAN

TSAN

Louanges.

Après les offrandes vient l'éloge de la puissance et des mérites de chaque Dieu.
Le prêtre commence par la *Kada* [1] de louange de Daï Niti Nioraï, qui se trouve dans le Taidzô Kaï shi ki. Le geste qui accompagne la récitation des éloges est le *Sceau universel*.

SI TCHI SAN

SEU TCHI TSAN

Éloge des Quatre Intelligences.

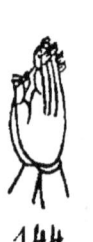

Les quatre Intelligences sont : Daï yen kiô tchi, Bio dô chô tchi, Miô kan sa tchi, Djô chôsa tchi [2].

Cet éloge est commun à toutes les divinités; car les Quatre Intelligences procèdent de l' « Intelligence essentielle du corps de la Loi [3] » de Daï Niti Nioraï; d'elles découlent les « Seize Intelligences » et de ces Seize Intelligences,

---

1. C'est le sanscrit *gâthâ*.
2. Voir page 63.
3. En sanscrit, *Dharma-Kâya*.

les « Intelligences en nombre infini ». Les Quatre Intelligences englobent donc tous les Dieux doués d'intelligences infinies et, en proclamant la louange de ces Quatre Intelligences, l'officiant prononce, par le fait, l'éloge de toutes les divinités.

Peut-être objectera-t-on qu'il suffirait de l'éloge de Daï Niti Nioraï, puisqu'il équivaut logiquement à celui des Quatre Intelligences et de toutes les divinités? Évidemment l'objection est juste ; mais elle a le tort de ne pas distinguer entre l'« essence » et les « dérivés ». En effet, au point de vue de l'essence, celle de l'esprit de l'officiant est Daï Niti lui-même ; par conséquent, l'officiant n'a pas besoin de prononcer l'éloge de Daï Niti Nioraï. Mais il n'en est pas de même si l'on se place au point de vue des dérivés : Daï Niti Nioraï est le « corps de l'essence » dont les Quatre Intelligences et les autres sont des formes dérivées ; il est donc naturel et juste de faire d'abord l'éloge de l'essence et ensuite de ses dérivés. C'est là ce qu'on appelle la « Distinction où il n'y a point de distinction ».

Après cet éloge vient naturellement la louange des Seize Intelligences.

Jusqu'à présent, l'officiant ne s'est occupé que des offrandes antérieures, il n'a pas encore présenté les offrandes postérieures. Pendant ce temps, les Dieux et l'officiant goûtent le plaisir de la fête. Cet état de satisfaction se manifeste par les actes du sceau de la *Méditation afin de devenir Bouddha* et des mudrâs suivantes.

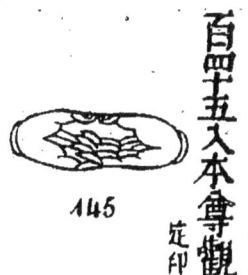

145

NIOU HON-ZON KOUAN
JOU PEN TSOEN KOAN

Méditation afin de devenir Bouddha.

Par cette méditation l'officiant opère la transformation de son corps en celui du Bouddha patron du temple. C'est un des rites les plus importants parmi ceux de Taïdzô-Kaï. Son sceau est celui de la *Méditation sur le Monde de la Loi.*

KON PON IN

KEN PEN YIN

Sceau de la Base. Mudrâ du Vajra à cinq dards.

Ce sceau représente Daï Niti Nioraï, corps essentiel de tous les Bouddhas. Les médius du sceau du *Vajra à cinq dards* figurent l'Intelligence du corps de la Loi (Dharma-Kâya) et les autres doigts les Quatre Intelligences. Ce sceau représente donc la réunion parfaite des Cinq Intelligences ou des Cinq Dhyâni-Bouddhas. C'est ce qu'on appelle « Base » de Daï Niti Nioraï.

On peut objecter que Daï Niti Nioraï est l'Intelligence du Dharma-Kâya, que les Quatre Intelligences sont les quatre Bouddhas, et qu'on ne voit donc pas pourquoi on appellerait ce sceau « Base de Daï Niti » ? Cette objection n'est pas fondée, car les Quatre Intelligences ne sont que des dérivés de l'Intelligence du Dharma-Kâya de Daï Niti qui renferme en elle-même ces Quatre Intelligences. C'est ce qu'on appelle les « Cinq Intelligences du corps complet ». Telle la graine de lotus qui contient en elle les éléments des feuilles, de la fleur et du fruit.

Le sceau du *Vajra à cinq dards* représente ce Corps complet des Cinq Intelligences.

Voir ces Cinq Intelligences en Daï Niti est autre chose que les voir en soi-même : il faut les voir en soi-même pour que toute distinction s'efface entre l'officiant et Daï Niti Nioraï. Lorsque le prêtre parvient à cet état on peut à bon droit dire qu'il est Dieu, puisqu'il manifeste alors le caractère du Bouddha « qui n'a ni commencement ni fin » et qu'il est arrivé à l'État parfait du Mystère.

KADJI SHOU

KIA TCHI TCHOU

Purification du chapelet.

Après le *Sceau de la Base,* l'officiant récite la dhâraṇî qui s'y applique et médite sur son sens en prenant sa part du bonheur des Bouddhas. C'est ce qu'on appelle *Nen djou*, « méditation de la récitation ».

D'abord, l'officiant prend à deux mains le chapelet [1], posé sur la table à côté de lui, en prononçant la dhâraṇî appropriée, et récite la « gâthâ du mérite de Nen djou ». Puis, le tenant entre le pouce et l'annulaire de la main droite et les mêmes doigts de la main gauche, il prononce la dhâraṇî de la purification du chapelet.

CHÔ NEN DJOU

TCHENG NIEN YONG

Vraie Méditation de la récitation.

Chô Nen djou [2] est la condition où se trouve l'officiant quand, le cœur pur, il médite sur le sens de la dhâraṇî de Daï Niti Nioraï, sans se laisser distraire par d'autres pensées. Compter les grains du chapelet avec les deux pouces et les deux annulaires constitue le sceau de la *Prédication en personne opportune,* que Çâkya-mouni pratiqua toute sa vie. Le sceau de *Chô nen djou* manifeste donc la vertu de la « Prédication en personne opportune » ou de la prédication de Çâkya-mouni, et son but est d'identifier l'officiant à Çâkya-mouni lui-même.

---

1. Le chapelet sert à compter le nombre des prières récitées.
2. Chô, « vraie », nen, « méditation », djou, « récitation d'une dhâraṇî ».

GUEN SHOU

HOAN TCHOU FA

Règle pour reposer le chapelet.

Après avoir compté tous les grains du chapelet, le prêtre le prend entre ses mains jointes, récite une gâthâ et le repose sur la table.

NIOU SAMMADJI

JOU SAN MO TI

Entrer en Samâdhi.

Après avoir accompli le rite de Nen djou, l'officiant entre dans l'état de *Samâdhi*.

Samâdhi est un mot sanscrit qui renferme le sens d'écarter les obstacles, de réveiller, d'égalité, de vœu fondamental[1]. On le traduit quelquefois par *Djô*, qui veut dire « tranquillité absolue », c'est-à-dire « pureté d'esprit », que ne troublent ni mauvaises pensées, ni illusions trompeuses. Possédant cette pureté d'esprit l'officiant se plonge dans la méditation du Dharma-Kâya de Daï Niti Nioraï. C'est cet état qui se nomme Samâdhi.

On emploie le *Sceau de Djô*[2].

---

1. Interprétation japonaise, probablement traditionnelle. Le sens habituel de *Samâdhi* est « contemplation, méditation extatique », il a aussi le sens peu usité de « engagement, obligation », d'où peut provenir, à la rigueur, celui de « vœu fondamental ». Quant aux idées de « réveiller, écarter les obstacles et d'égalité », elles n'existent pas dans le mot sanscrit. Il y a cependant un adjectif *sama* qui signifie « égal, identique » et au figuré « juste, vertueux ».

2. Voir le sceau n° 101.

KON PON IN

KEN PEN YIN

Sceau de la Base.

Voir le sceau n° 146.

BOU MÔ IN

POU MOU YIN

Sceau de la Mère des Classes.

Après être sorti de la méditation du Vœu fondamental de Daï Niti Nioraï, le prêtre, afin d'acquérir l'intelligence qui permet de voir tous les mondes, fait le sceau de la *Mère des Classes*, qui procure les « Cinq Yeux », savoir :

1° L'œil de la chair ; 2° l'œil du ciel ; 3° l'œil de l'intelligence ; 4° l'œil de la Loi ; 5° l'œil de Bouddha.

L'œil de la chair est celui de l'homme ordinaire [1] ; l'œil du ciel est celui des Dévas ; l'œil de l'intelligence et l'œil de la loi appartiennent aux Bodhisattvas ; l'œil de Bouddha ne peut être possédé que par les êtres qui ont atteint à ce rang suprême.

L'œil de Bouddha a été créé par le Bouddha lui-même ; sa puissance est telle qu'il embrasse les Dix Quartiers du Monde dans toute leur étendue et voit à travers les Trois Vies [2].

En exécutant le sceau des *Cinq Yeux* l'officiant se sanctifie et crée à son usage ces Cinq Yeux, qui sont figurés par les vides laissés entre les doigts. Un de ces yeux est formé par l'espace laissé libre entre les deux auriculaires ; deux sont produits par les vides existant entre les index et les médius ;

---

[1]. Voir pour la description de *l'œil de la chair*, E. Burnouf : Lotus de la Bonne Loi, ch. XVII, pp. 215-216.

[2]. Passé, présent, futur.

les deux derniers, par les vides pratiqués en appliquant les pouces contre les index. On lui donne le nom de *Mère des Classes,* parce qu'il est formé de la réunion des Cinq Yeux que seuls les Bouddhas peuvent posséder et que, par conséquent, ces yeux sont considérés comme « enfantant » tous les Bouddhas. Ils en sont donc « la Mère » et, par suite, ils sont la Mère de tous les êtres.

Par Classes on entend :

1° La classe des Nioraïs ou Tathâgatas ; 2° La classe des Bosatsous ou Bodhisattvas ; 3° La classe des Yén-gakous ou Pratyéka-Bouddhas ; 4° La classe des Chô-mon ou des Çramaṇas ; 5° La classe des Tens ou Dévas ; 6° La classe des Hommes, etc.[1].

C'est ici que se placent les offrandes dites *postérieures*. Elles doivent se faire selon les mêmes rites que les offrandes précédentes, et par conséquent l'auteur du Si Dô In Dzou n'a pas jugé à propos d'en recommencer l'énumération.

YÉKÔ HÔBEN

HOEI YANG FANG PIEN

Moyen de faire tourner.

153

Les offrandes terminées, l'officiant accomplit le rite du *Moyen de faire tourner*, afin de faire tourner au profit de tous les êtres les bonnes actions qu'il a faites jusqu'à ce moment, et de leur en faire obtenir la récompense comme s'ils les avaient accomplies eux-mêmes. Il emploie dans ce but le *Sceau universel* ou de la *Jonction de mains de Vajra*[2].

---

1. C'est-à-dire, en somme, les diverses conditions de transmigration désignées habituellement sous le nom de les Dix Mondes.
2. Voir le sceau n° 8.

HOTSOU GAN

FA YUEN

Manifestation des désirs.

L'officiant expose ensuite ses désirs aux Dieux, en exécutant le *Sceau universel*.

KADJI KOU

KIA TCHI KIU

Phrases de purification.

Par *Kadji kou* on entend la récitation des dhâraṇîs relatives à la purification. C'est encore le *Sceau universel* qui sert en cette circonstance. L'officiant l'emploie pour demander aux Bouddhas de le rendre éternellement pur ; car bien qu'il soit entré dans le « Mystère de l'unification de son corps avec celui de Bouddha », il est encore sur le chemin de l'épreuve et n'est point parvenu au *Foushi-ghi*, « monde que l'on ne peut imaginer ni décrire ». Naturellement, cette demande doit se faire avant le départ des Bouddhas pour leurs paradis respectifs.

CHÉ KAÏ

KIAI KIAI

Délier le Monde.

Nous avons vu, au début de la cérémonie, le prêtre purifier et consacrer le terrain du temple et en prendre possession par le *Sceau d'Impatience* [1]. La cérémonie terminée, l'officiant rend la liberté au terrain en faisant de nou-

---

1. Voir le sceau n° 37.

veau le même sceau, qu'il tourne en sens inverse, et en récitant la dhâraṇî appropriée.

DJI SAMMAYA
TSHI CHI SAN MEI YE

Manifestation du Samaya.

Voir le sceau n° 120.

RAÏ BOUTSOU
LI FO

Salutation aux Bouddhas.

Les Bouddhas (ici le mot Bouddha comprend toutes les divinités) vont rentrer dans leurs paradis, et l'officiant les salue, chacun en particulier, en exécutant le *Sceau universel* [1].

BOU DZÒ
FONG SONG

Reconduire respectueusement.

Pour congédier les Bouddhas, l'officiant fait le sceau du *Croisement extérieur des doigts* [2] et prend sur la table une fleur de lotus qu'il tient entre ses deux médius. Puis il récite la dhâraṇî de circonstance, jette la fleur sur l'autel et fait le vœu que les Bouddhas se retirent dans leurs paradis, portés sur cette fleur.

---

1. Voir le sceau n° 8.
2. Voir les sceaux nos 18 et 75.

NIOU BOUTSOU SAMMAYA

JOU FO SAN MEI YE

Entrer dans le Samaya de Bouddha.

Voir le sceau n° 2.

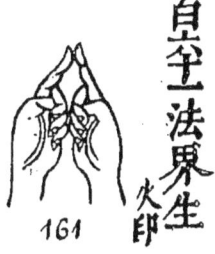

HÔKAÏ CHÔ

FA KIAI CHENG

Sceau de la Production du Monde de la Loi.

Voir le sceau n° 3.

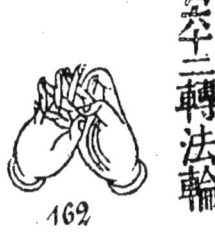

TEN HÔ RÏN

TCHOAN FA LOEN

Roue tournante de la Loi.

Voir le sceau n° 4.

HI KÔ

PEI KIA

Revêtir l'armure.

Voir le sceau n° 6.

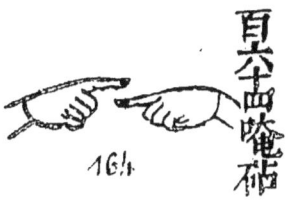

ON TON

AN TCHEN

Attacher l'armure.

Voir le sceau n° 7.

DJOU SA SAN MITSOU DJI

Renouvellement des Trois Mystères.

La cérémonie de Taïdzô-Kaï terminée, avant de sortir du temple, l'officiant se purifie, afin de ne pas être exposé aux causes du péché. Ce rite se nomme « Renouvellement des Trois Mystères », parce que le prêtre exécute de nouveau les trois sceaux suivants :

KONGÔ GÔ CHÔ

PHOU YIN

Sceau universel.

Afin de ne jamais oublier que l'essence du Bouddha est dans son cœur[1].

KAYEN CHÔ

HO YIN

Sceau du Feu.

Pour détruire les causes de péché qui sont en lui[2].

NIORAÏ TCHÔ

FO TING YIN

Sceau du Crâne de Bouddha.

Afin que son esprit et son corps s'efforcent de parvenir à l'état de Bouddha[3].

---

1. Voir le sceau n° 8.
2. Voir le sceau n° 3.
3. Voir le sceau n° 67.

Ces trois sceaux ont pour but de l'empêcher d'oublier qu'il doit toujours se conserver pur et fuir le mal, quand, sorti du temple, il rentrera dans le monde.

Ici finit le commentaire du rite de Taïdzô-Kaï. Ce n'est qu'une explication sommaire des sceaux mystiques. Quant à leur sens réel, il appartient aux Trois Mystères et ne peut être compris que par des prêtres purs de cœur et de conduite. De même que la saveur de l'eau pure ne peut être réellement appréciée que par ceux qui boivent ayant soif, et ne peut être ni décrite, ni peinte, de même le sens véritable des sceaux ne peut être compris que par le cœur du prêtre, et alors seulement peuvent se manifester les effets du Mystère.

SCEAUX

DU RITE DE KONGÔKAÏ

(VAJRA-DHÂTU)

Le terme *Kongô-Kaï*, « Monde de Vajra [1] », est la traduction en japonais du sanscrit *Vajra-dhâtu* [2], et s'applique à un Mandara parallèle à celui de Taïdzô-Kaï. Ce dernier est le sujet du livre intitulé : *Daï Biroushana djoun ben kadji kiô*, « Livre sacré du Mystère du Grand Vairocana », et le Kongô-Kaï fait l'objet du livre *Kongô tchô kiô*, « Livre sacré du Crâne de Vajra ». Le principe développé dans le premier de ces livres est que tous les Êtres vivants possèdent en eux-mêmes l'Essence (ou le corps essentiel) des Bouddhas, tandis que le second a pour but de démontrer la « parfaite égalité » de toutes choses devant l'Intelligence de Bouddha et de faire se manifester l'Esprit de Grande Charité, résultant de cette Intelligence qui voit tout sur le pied de parfaite égalité. Le Kongô-Kaï traite donc des « vertus internes » propres aux Bouddhas, et le Taïdzô-Kaï, « des vertus internes » propres aux êtres vivants. C'est en cela que consiste la différence entre ces deux *kaï* ou mondes.

Mais le Corps de Bouddha de Taïdzô-Kaï est le même que le Corps de Bouddha de Kongô-Kaï. Sachant qu'il n'existe

---

1. De la Foudre ou du Diamant.
2. Pour le sens de *Vajra-dhâtu*, voir page 2.

pas de distinction entre ces deux corps et que le Taïdzô-Kaï a pour but de manifester les « mille vertus de l'esprit des êtres vivants », on peut conclure que les corps de Kongô et de Taïdzô sont réunis dans le « Corps de l'esprit des êtres vivants ». C'est ce qu'on nomme « Corps du Vrai Trésor du Mandara ».

Le prêtre, qui, étant en possession de la vertu du rite, médite sur ce sujet, peut acquérir le « Pouvoir mystérieux du Monde de la Loi ». Faire à volonté se manifester la forme du Mandara de ce monde de la Loi, c'est ce qu'on appelle le « Monde du Mystère divin ».

Tout ce que nous venons de dire ici appartient au monde moral, et des résultats réels ne peuvent se produire qu'à la condition que l'officiant soit parvenu à la perfection de l'état moral.

KADJI KÔ SOUI

KIA TCHI HIANG CHOEI

Consécration de l'eau parfumée.

Voir le sceau n° 10.

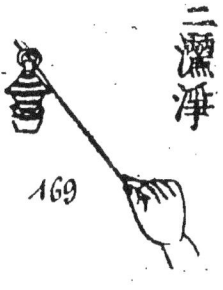

CHÔ DJÔ

CHAI TSING

Purification par aspersion.

Voir le sceau n° 11.

KADJI KOU MO TSOU

KIA TCHI KONG OOU

Consécration des offrandes.

Voir le sceau n° 12.

HAKOU CHÔ

PHO TCHANG

Frapper des mains.

Voir le sceau n° 13.

TAN ZI

TAN TCHI

Éloigner les démons.

Voir le sceau n° 14.

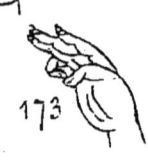

KÔ KOU

KHIU KEOU [1]

Purifier.

Voir le sceau n° 15.

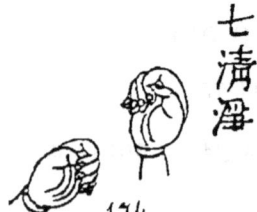

CHÔ DJÔ

TSHING TSING

Purification par l'eau.

Voir le sceau n° 16.

1. Il y a une faute dans le second caractère.

KÔ TAKOU
KOANG TSE
Lumière brillante.

Voir le sceau n° 17.

DJÔ DJI
TSING TI
Purification de la place.

C'est le même sceau que celui de *Kouan Ra*. Par sa vertu l'officiant brûle tout ce qu'il peut y avoir d'impur dans l'intérieur du temple.
Pour l'explication du sceau, voir le n° 36.

DJÔ SAN GÔ
TSING SAN YE
Purification de trois choses.

Même sceau que le n° 9, mais ici le dessin est mal fait.

KOUAN BOUTSOU
KOAN FO
Méditer sur les Bouddhas.

Assis dans le temple, l'officiant médite sur les Bouddhas des Dix Quartiers du Monde en exécutant le sceau de la *Jonction de mains de Vajra*. Il tourne légèrement la face vers le ciel, pendant la récitation de la dhâraṇî, pour regarder les Bouddhas.

GNIÔ KAKOU

KING KIO

Réveil.

十二驚覺

179

L'officiant éveille les Bouddhas pour leur faire connaître sa résolution d'accomplir le rite.

Voir le sceau n° 21.

SI RAÏ

SEU LI

Quatre saluts.

十三四禮告金合

180

Après avoir réveillé les Bouddhas des Dix Quartiers du Monde, le prêtre salue les Bouddhas des Quatre Points Cardinaux (d'où le nom de Quatre saluts), en s'adressant successivement à celui de l'Est, du Sud, de l'Ouest et du Nord. Il doit méditer sur chaque Bouddha, réciter la dhâraṇî appropriée et faire le sceau de la *Jonction de mains de Vajra*.

KONGÔ DJI DAÏ IN

KIN KANG TCHI TA

Grand sceau de la possession de la puissance de Vajra.

十四金剛持大

181.

Le prêtre offre ensuite aux Bouddhas qu'il a salués le spectacle de la « Danse du Vajra », qui se compose de trois sceaux successifs. Il fait d'abord celui de *Kongô dji daï In*, qu'il élève à la hauteur de sa figure; c'est le sceau de *Dji dji In* que l'on emprunte comme symbole matériel de la Danse du Vajra.

  Ensuite il ouvre les mains, ainsi que l'indique la figure, et les élève de nouveau à la hauteur de son visage.

182

 Puis il les abaisse jusqu'à sa poitrine reforme le sceau de la *Jonction des mains de Vajra* et l'élève encore une fois à son front pour l'offrir aux Bouddhas.

Ces deux derniers sceaux ne sont que les compléments du premier. En faisant le geste 182, l'officiant simule l'action d'abaisser de son cou sur sa poitrine un « collier orné de trois Vajras », et par le sceau 183, il salue les Bouddhas après avoir ainsi paré son corps.

183

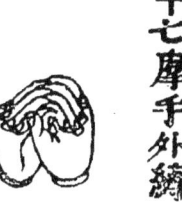

MASHI GHÉ BAKOU

MO CHEOU OAI FO

Frotter les mains et entrelacer les doigts.

Voir le sceau n° 18.

184

KEÏ BIAKOU

KHI PO

Discours d'offrandes.

Voir le sceau n° 19.

185

CHÔ RAÏ

TCHHANG LI

Réciter des compliments.

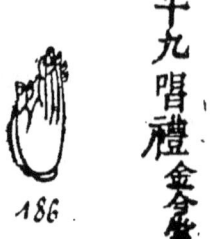

Voir le sceau n° 20.

CHÔ SHITSOU-DJI

CHENG SI TI

Excellent résultat.

Chô, signifie « excellent » et *shitsou-dji* est le mot sanscrit *siddhi*, qui a le sens de « résultat, réussite [1] ». La prière de l'officiant a pour but de demander aux Bouddhas leur protection afin de réussir dans ses intentions. Quant au geste, c'est le *Sceau universel*.

MA TA

MO TCHA

Tranquillité de l'Intelligence.

Ce sont là deux mots sanscrits. *Ma* a le même sens que le japonais *djô* et peut se traduire par « État de méditation, État de tranquillité, Samâdhi »; *Ta*, veut dire « Intelligence [2] ». L'officiant fait avec ses mains deux *Poings de Vajra*, les applique sur ses hanches, médite de placer le mot *ma* dans son œil gauche et le mot *ta* dans son œil droit, puis regarde l'intérieur du temple.

---

1. Et aussi « accomplissement, perfection, succès, délivrance finale ».
2. C'est sans doute une formule tântrique, un *mantra*, car ni *Ma* ni *Ta*, ni *Mata* ne se rencontrent en sanscrit avec le sens indiqué par le commentateur. Pour expliquer le sens de *Ma*, M. Toki l'a assimilé au terme japonais *Han-gnia*, c'est-à-dire à la *Prajña-Pâramitâ* ou science parfaite absolue.

Alors, de ses yeux jaillissent des flammes qui mettent en fuite les démons et les mauvais esprits.

KONGÔ BAKOU

KIN KANG FO

Croisement extérieur des doigts de Vajra.

Manifestation de la pureté et de la bonté du cœur (shïn) de l'officiant [1].

KAÏ SHÏN

KHAI SIN

Ouvrir l'esprit.

L'idée exprimée par ce sceau est que l'officiant éclaire les Dix Quartiers du Monde en ouvrant son esprit. Les dix doigts représentent les lumières de l'esprit. La mudrâ se fait en disjoignant les doigts, croisés dans le geste précédent, de la façon qu'indique le dessin ci-dessus, et en accompagnant ce mouvement de la récitation d'une dhârañî.

CHÔ TCHI

TCHAO TCHI

Attirer l'intelligence.

Sans délier le sceau précédent, l'officiant reforme celui du *Croisement des doigts*. Ce geste représente le « Disque lunaire de son esprit » où il attire — en faisant le signal d'appel avec ses pouces — les Intelligences des Bouddhas qui remplissent les Dix Quartiers du Monde. Le prêtre doit être convaincu qu'il attire en réalité ces Intelligences dans son esprit.

---

1. Voir le sceau n° 18, dont le sens est le même quoique la forme diffère légèrement.

HEÏ SHÏN

PI SIN

Fermer l'esprit.

Pour garder ces Intelligences, attirées par le sceau précédent, le prêtre doit les enfermer dans son esprit. Ce sceau, apelé *Disque de la Lune de l'esprit*, se fait en serrant fortement les deux poings fermés au moyen des doigts entrecroisés ; les index serrent les pouces, afin d'exprimer l'idée de fermeture.

FOUGUEN SAMMAYA

PHOU HIEN SAN MO YE

Sammaya de la Sagesse universelle.

Fou, signifie « universalité, totalité » ; *guen* a le sens de « Bien suprême, Sagesse pénétrant partout » : autrement dit, Fou-guén est la « Sagesse supérieure à toutes les sagesses », c'est-à-dire « l'État de la Sagesse de Bouddha ».

Samaya a ici le sens d'union.

Ce sceau symbolise l'identification du corps de l'officiant avec celui du Bodhisattva Fouguen, personnification de l'Intelligence de l'Égalité de Daï Niti Nioraï. Les médius dressés s'élevant au-dessus des mains jointes figurent une « bannière », symbole de l'Intelligence de Bouddha ; car, de même que dans la bataille la bannière flotte à la tête des armées, de même l'Intelligence de l'Égalité précède toutes les autres, lors même que Daï Niti Nioraï les emploie toutes pour venir en aide aux êtres vivants.

GOKOU KI SAMMAYA

KI HI SAN MO YE

Samaya de l'extrême joie.

L'*Extrême Joie* est « l'amour extrême du prochain » qui suit l'acquisition de l'Intelligence de l'Égalité. Le Samaya de l'extrême joie est, en réalité, le Samaya d'Aïzen Mio-Hô, dans lequel entre l'officiant.

Comme forme, cette mudrâ est la même que le sceau 94 ; seulement, par sa méditation, l'officiant transforme ses médius accolés en une flèche qu'il dirige contre sa poitrine, tout en récitant une dhâraṇî, avec la pensée qu'il brisera contre sa conscience l'enseignement égoïste du Hinayâṇa et manifestera la « Grande Résolution de convertir les êtres ». Cette Grande Résolution de convertir les êtres est le serment principal prêté par Aïzen Mio-Hô, personnification de la vertu d'amour de Daï Niti Nioraï.

Par Amour on entend ici, à la fois le sentiment de la compassion pour les êtres et celui de la satisfaction suprême éprouvée à les protéger. Convertir les êtres est le vœu de tous les Bouddhas au grand cœur.

GO-SAN-ZÉ

HIANG SAN CHI

Vaincre les Trois Vies.

C'est là le premier d'une série de Samayas qui suivent celui d'Aïzen Mio-Hô.

Gosanzé est l'un des cinq Dévas appelés Mio-hôs. Son nom signifie littéralement « Dompteur des Trois Vies [1] ». Il existe de mauvais esprits, des démons, qui prétendent avoir créé l'Univers et, par conséquent,

---

1. Passé, présent, futur.

être les directeurs des Trois Vies. Ils se glorifient de cette prétention et cherchent à troubler la « Vraie Loi de cause et effet [1] ». Pour les vaincre et les dompter, Daï Niti Nioraï entre dans le Samaya de Colère. C'est en cela que consiste ce qu'on appelle « dompter les Trois Vies ».

Quand il est dans le Samaya d'Aïzen Mio-Hô, l'officiant protège les êtres vivants par le « Grand cœur d'amour » ; entré dans le Samaya de Gosanzé, il dompte les mauvais esprits qui ont et propagent de faux jugements.

On forme ce sceau en faisant des *Poings de colère* [2] avec les deux mains croisées ainsi que le montre notre dessin. On double les Poings de colère afin d'exprimer l'intensité d'une extrême colère. C'est le geste que fait Gosanzé.

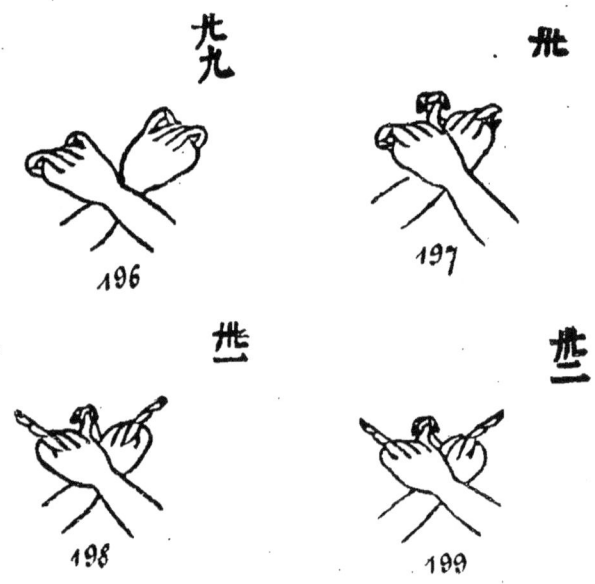

Ces quatre figures représentent les transformations que l'officiant fait subir au sceau de Gosanzé à mesure qu'il récite les dhâranîs. Les Dents qu'il forme, soit en croisant, soit en allongeant les doigts, expriment la grandeur et la puissance de sa colère.

1. Le *Karma*.
2. Voir le sceau n° 104.

RENGHÉ SAMMAYA
LIEN HOA SAN MEI YÉ

Samaya de lotus.

Le lotus, pris ici au sens figuré, personnifie la vertu d'Amida Nioraï[1], parce que Amida vient dans ce monde de misère pour sauver les êtres, de même que le lotus naît au milieu de la boue. Le « Samaya de lotus » est donc le Samaya d'Amida Nioraï, qui personnifie la « vertu de prédication » de Daï Niti Nioraï. En exécutant ce sceau l'officiant entre dans le Samaya d'Amida.

Il se fait en joignant les mains, les doigts croisés, sauf les pouces et les auriculaires qui sont dressés, et cette figure représente un lotus surmonté d'un vajra : les pouces et les auriculaires symbolisent le vajra, et les mains jointes le lotus. Son but est de manifester la vertu d'Amida. Manifester la vertu d'Amida, c'est la représenter ; c'est pourquoi on appelle ce geste *Mudrâ d'Amida* ou « Sceau du premier du groupe de lotus », *Renghé bou shou*[2].

Il y a plusieurs manières de former le *lotus* ou *Mudrâ Mère du lotus*. Dans le Kongô-Kaï, il se fait en joignant les mains serrées par les doigts entrelacés extérieurement ; dans le Taïdzô-Kaï, on laisse un vide entre les mains.

HÔ RÏN
FA LOEN

Roue de la Loi.

Le sceau de la *Roue de la Loi* dérive du précédent, dont il ne diffère que par le croi-

---

1. Amitâbha Buddha, le troisième des Dhyâni-Buddhas, personnification de la Charité.

2. Les Bouddhas, les Bodhisattvas, les Mio-hôs, les Kongôs et les Tens sont répartis en trois groupes dits : de Bouddha, de Lotus et de Vajra. Amitâbha est le président du groupe de lotus.

sement des auriculaires. « Roue de la Loi » est une abréviation de l'expression consacrée « Roue tournante de la Loi », formule symbolique de la prédication. L'officiant élève ce sceau à sa bouche et le porte trois fois à droite en récitant une dhâraṇî; il se persuade qu'il possède la vertu de prédication d'Amida et médite d'obtenir la puissance même de ce Bouddha. Les auriculaires croisés représentent les « qualités de charité et de bonté » du Bouddha Amida et symbolisent l'expansion de sa charité à tous les êtres vivants.

DAÏ YOKOU

TA YU

Grande avidité.

C'est Kongô-satt'a [1], qu'on appelle « Grande avidité ». Cette Grande avidité est l'ardent désir de Daï Niti Nioraï d'aimer tous les êtres vivants comme s'ils étaient ses propres enfants. Le Samaya de Kongô-satt'a, est la manifestation de cet ardent désir. Chez les hommes ce désir n'est que relatif, c'est-à-dire un désir peu étendu, qui n'embrasse pas tous les êtres et, par suite, est dangereux pour la société; tandis que le désir de Kongô-satt'a est la « Grande avidité sans pareille », embrassant tous les êtres à la fois et consistant à les aimer tous comme un père aime ses enfants.

Le sceau de *Daï yokou* est celui du « Croisement extérieur des mains », qui symbolise ici le Cœur de Bouddha. En même temps que l'officiant récite la dhâraṇî (de Kongô-satt'a), il fait trois appels avec le pouce droit. Il laisse entre le pouce gauche et les index une ouverture par laquelle — en vertu de la puissance de la dhâraṇî — les êtres vivants, qu'il considère comme ses enfants, viennent se réunir dans

---

1. En sanscrit Vajrasattva, Bodhisattva reflet de Vairocana, qui se confond souvent avec ce Dhyâni-Buddha, ou le remplace, et reçoit fréquemment le titre de Bouddha.

ses mains. Les tenant ainsi dans ses mains, il se propose de les convertir, afin qu'ils aient tous une même idée et un même sentiment (de bonté et d'amour réciproque).

DAÏ RAKOU

TA LO

Grand bonheur.

Cette mudrâ est la suite et la conséquence de la précédente. En effet, après avoir satisfait son Extrême Avidité d'amour, l'officiant entre dans l'état de « Grand Bonheur » qui résulte de la satisfaction de ce désir.

Le sceau est presque le même que celui de *Daï yokou;* la seule différence consiste en ce que l'officiant ferme fortement ses mains, afin de retenir les êtres attirés par son avidité, les convertir, leur inculquer le même sentiment qu'il éprouve en les traitant comme ses propres enfants. Cette tâche accomplie, le prêtre jouit d'un bonheur infini.

CHÔ DZAÏ

TCHAO TSOEI

Appel des crimes.

Après être entré successivement dans les divers Samayas, l'officiant sortant du Samaya de Grand Amour, entreprend de détruire (anéantir) les crimes et les fautes de tous les êtres, et pour cela les « appelle et les réunit dans ses mains ».

Le sceau qu'il emploie à cet effet est un dérivé du précédent. L'érection des médius n'a pas de sens particulier, mais l'action de plier trois fois les index pendant la récitation de la dhâraṇî exprime l'idée de tenir dans ses mains les crimes de tous les êtres vivants.

SAÏ DZAÏ
TSHOEI TSOEI
Destruction des crimes.

205

Le sceau destiné à briser et détruire les crimes que le prêtre tient réunis dans ses mains, se fait de la manière suivante : — L'officiant ramène ses index à leur place, afin de former le *Croisement extérieur des doigts*[1], puis il lève et baisse trois fois les médius en méditant sur l'acte de broyer et détruire les crimes tenus entre ses mains.

La récitation de la dhâraṇî précède toujours cet acte.

DJÔ GÔ CHÔ
TSING YE TCHANG
Purification des actes.

206

Ce sceau, suite du précédent, a pour but la purification des actes coupables commis par les êtres vivants. C'est le sceau du *Sabre de Grande Intelligence*[2].

DJÔ BODAÏ
TCHHENG PHOU TI
Acquisition de la Bodhi.

207

Les êtres vivants étant purifiés des actes coupables qu'ils avaient commis, le prêtre doit faire se développer en eux l'Esprit de Bouddha dont l'essence existe chez tous. La Production de l'Esprit de Bouddha est ce qu'on appelle *Bodaï*[3]. L'officiant fait acquérir la

---

1. Voir le sceau n° 189.
2. Voir le sceau n° 23.
3. En sanscrit Bodhi.

Bodhi à tous les êtres vivants. Le sceau est le même que celui du Samaya de lotus [1].

BAKOU DJÔ IN

FO TING YIN

Sceau de la méditation du Croisement extérieur des mains.

Ce geste s'appelle *Sceau de la méditation du Croisement extérieur des mains* à cause de sa forme. L'officiant le place sur ses genoux au moment d'entrer dans la méditation des Cinq formes de Kongô-Kaï; mais, auparavant, il doit accomplir un rite pour se mettre en communication avec les Bouddhas du Monde du Vide. Ce rite et sa dhâraṇî sont expliqués dans le Kongô-Kaï shiki.

GO SÔ DJÔ SHÏN

OOU SIANG TCHHENG CHEN

Production des Cinq formes en soi-même.

Le sceau est le même que le précédent : l'officiant l'exécute en entrant dans la méditation de la « Production des Cinq formes en soi-même ». Ces Cinq Formes sont :

1° *Tsou datsou bodaï shïn*, « Acquérir l'esprit de Bodhi ou la Compréhension » ; 2° *Djô Kongô shïn*, « Étendre l'esprit de Vajra » ; 3° *Chô Kongô shïn*, « Manifester l'Esprit de Vajra » ; 4° *Ren Kongô shïn*, « Presser l'Esprit de Vajra » ; 5° « *Boutsou sïn yém-man*, « Entrer dans l'état parfait de Bouddha ».

Le nom de « Production des Cinq Formes en soi-même » est commun aux cinq sceaux numérotés de 209 à 213 ; leur but est de transformer le corps de l'officiant en corps véri-

---

1. Voir le sceau n° 200.

table de Bouddha. Le sceau 209, tout en portant le nom général de *Production des Cinq Formes*, est particulièrement celui de la première de ces Formes, Tsou datsou Bodaï shïn.

Par la méditation indiquée au paragraphe 208, l'officiant s'est mis en communication avec les Bouddhas du Monde du Vide. Ces Bouddhas lui enseignent la « forme de l'Esprit de Bodhi [1] », et, grâce à cet enseignement, il peut acquérir l'Esprit de Bodhi.

DJÔ RENGHÉ

CHOU LIEN HOA

Étendre les lotus.

La seconde des Cinq formes. Son sceau est une transformation du précédent et figure deux *san kôs* [2]. L'officiant place sa main gauche sur ses genoux, et la main droite sur la gauche, les mains et les doigts disposés ainsi que l'indique le dessin, puis médite de remplir de lotus le Monde de la Loi des Dix Quartiers. En même temps, il récite une dhâranî et élève sa main droite jusqu'à son front. Cet ensemble de gestes se nomme *Djô Kongô*, « étendre les vajras » et *Djô renghé*, « étendre les lotus », parce que, d'après la forme du sceau, c'est du vajra qu'il s'agit, tandis que c'est du lotus d'après l'idée qui préside à la méditation.

Djô signifie « étendre, allonger » et aussi, par extension, « remplir ». L'idée renfermée dans le sceau est que l'officiant remplit les Dix Quartiers du Monde de la Loi de lotus de vajra sortis de son esprit, et transforme ce Monde de la Loi en un Monde de lotus.

---

1. Le mot Bodaï est le sanscrit Bodhi, « compréhension, sagesse, science acquise ; Shïn, « esprit, intelligence, cœur », est » l'essence de l'Esprit du Bouddha », et l' « essence de l'esprit » de l'officiant possède l'Esprit de Bouddha.

2. Vajra à trois dards, trident.

CHÔ KONGÔ RENGHÉ

TCHENG KIN KANG LIEN HOA

Manifester les lotus de Vajra.

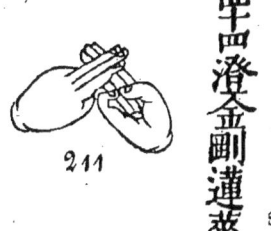

Le troisième sceau des Cinq Formes se fait en apportant la main gauche sur la main droite restée à la hauteur du front, chacune d'elles formant le signe du Vajra à trois dards (san-kô). En même temps, l'officiant récite une dhâraṇî et médite sur la réunion de tous les Bouddhas, de tous les êtres vivants et de lui-même dans ce monde de lotus de Vajra. Voilà ce qu'on appelle « Manifester les lotus de Vajra ».

Il y a ici une faute dans le caractère chinois signifiant « manifester ».

REN RENGHÉ

LIEN LIEN HOA

Presser les lotus.

Ce quatrième sceau consiste à réunir les deux sceaux du *Vajra à trois dards* pour en former le sceau de la *Jonction de mains de Vajra de lotus non éclos*. L'officiant place ce sceau en face de sa poitrine, récite la dhâraṇî et médite de recueillir, en les comprimant, les « lotus de Vajra » qui remplissent le Monde de la Loi et de les renfermer dans son cœur. C'est là ce qu'on entend par « presser les lotus ».

KOUAN SHÏN I HONZON

KOAN CHEN OEI PEN TSOEN

Méditer afin de devenir Daï Niti Nioraï.

Le sceau de la cinquième Forme a pour but de faire acquérir au prêtre l'état parfait de Bouddha. Il s'exécute en joignant les mains et en figurant une « épée » avec les médius dressés et recouverts par les index. C'est pourquoi on le nomme *Sceau de l'Épée de Daï Niti*. Il symbolise cette idée que, semblable à une « épée à deux tranchants », l'Intelligence de Daï Niti Nioraï coupe (détruit) le faux jugement affirmatif et le faux jugement négatif. Cette épée est entourée de flammes (les médius) activées par le vent figuré par les index. L'Intelligence de Daï Niti Nioraï est identique à l'Esprit de Bouddha, et « manifester à l'état parfait l'Esprit de Bouddha », c'est « acquérir l'état parfait de Bouddha ». Parvenu à cet état l'officiant a épuisé la méditation des Cinq Formes et, en même temps, « il est réellement devenu Bouddha », ainsi qu'il en avait formé le vœu.

GO NIORAÏ KADJI

JOU LAI KIA TCHI

Vertus des cinq Tathâgatas.

Parvenu à l'état parfait de Bouddha, l'officiant va manifester en lui-même les vertus bouddhiques des Cinq Nioraïs [1]. C'est ce qu'on appelle *Go Nioraï Kadji*. Cette expression s'applique à l'ensemble des Cinq Vertus, mais elle désigne également la première, qui appartient à Daï Niti [2], le premier des Nioraïs. Le sceau employé est le même que le précédent, symbole de Daï Niti Nioraï.

1. Tathâgatas et particulièrement ici Dhyâni-Bouddhas.
2. En sanscrit Vairocana. La vertu de Daï Niti les comprend toutes, de même que son Intelligence est l'ensemble des Intelligences des quatre autres Nioraïs. — Voir page 63.

TÔ BOUTSOU

TONG FO

Bouddha de l'Est.

La seconde vertu des cinq Tathâgatas est représentée par la mudrâ symbole d'Ashikou Nioraï [1], Bouddha de la région de l'Est. On lui donne le nom de *Sceau de l'aiguille,* parce que les médius dressés rappellent cet objet ; seulement ici il ne s'agit pas d'une aiguille, mais d'un « étendard ». De même que, dans la guerre, l'étendard est le premier des insignes, ainsi les Bouddhas prennent pour premier emblème l'Esprit de Bodhi ; et comme l'Esprit de Bodhi est l'attribution d'Ashikou Nioraï, l'officiant prend la personnalité de ce Bouddha qui développe et fait progresser l'Esprit de Bodhi chez tous les êtres vivants.

NAN BOUTSOU

NAN FO

Bouddha du Sud.

Le troisième sceau des Cinq Vertus représente Hôchô Nioraï [2], le Bouddha producteur des trésors, président de la région du Sud ; c'est également un dérivé de la mudrâ du *Croisement des mains*. Au moyen des médius repliés, l'officiant figure un Hô-djou [3], « Boule précieuse, Trésor qui produit toutes choses » ; ce qui veut dire que Hôchô possède toutes les vertus. Par la puissance de la méditation de ce sceau le prêtre prend la forme de Hôchô Nioraï.

---

1. En sanscrit, Akšobhya.
2. En sanscrit, Ratna Sambhava.
3. En sanscrit, Mani.

SAÏ BOUTSOU

SI FO

Bouddha de l'Ouest.

Le Bouddha de la région de l'Ouest est Amida Nioraï [1]. C'est toujours le sceau primordial du *Croisement de mains* qu'on emploie ; mais on figure une « feuille de lotus » en dressant les médius. Nous avons dit, à propos du sceau 200, que le lotus symbolise la « prédication d'Amida ». En exécutant cette mudrâ, le prêtre médite d'acquérir la vertu d'Amida.

HOKOU BOUTSOU

PE FO

Bouddha du Nord.

C'est Foukou-djô-djou Nioraï [2], qui règne dans la région du Nord. Le sceau qui le symbolise est le même que celui du *Samaya de l'Extrême Joie* [3], seulement ici il représente « un oiseau au plumage d'or », monture de Foukou-djô-djou. Les médius sont les pattes de l'oiseau, les auriculaires sa tête, les pouces sa queue, les index et les annulaires ses ailes. En montant sur cet oiseau l'officiant se prend d'amour pour tous les êtres vivants et devient ainsi ce cinquième Bouddha en personne.

DAÏ NITI

TA JI

Sceau de l'épée.

Voir les sceaux n°ˢ 213 et 214.

---

1. En sanscrit, Amitábha.
2. En sanscrit, Amoghasiddhi.
3. Voir le sceau n° 194.

TÔ BOUTSOU

TONG FO

Bouddha de l'Est.

Voir le sceau n° 215.

NAN BOUTSOU

NAN FO

Bouddha du Sud.

Voir le sceau n° 216.

SAÏ BOUTSOU

SI FO

Bouddha de l'Ouest.

Voir le sceau n° 217.

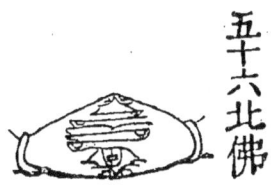

HÔKOU BOUTSOU

PE FO

Bouddha du Nord.

Voir le sceau n° 218.

Ces cinq sceaux sont exactement les mêmes que les précédents, à la différence du nom près. Les premiers se nomment « Rites de Kadji » et les derniers « Rites de Kan-tchô ». L'officiant les renouvelle, afin d'affirmer son vœu et d'en assurer l'accomplissement.

NIORAÏ KÉ MAN

JOU LAI HOA MAN

Guirlandes de fleurs pour les Tathâgatas. Sceau de Daï Niti [1].

L'officiant exécute encore une fois la même série de cinq sceaux et, après avoir « délié » les sceaux, fait le geste de suspendre une guirlande de fleurs à son cou; puis il forme la mudrâ de la *Jonction de mains de Vajra* [2] afin, de présenter à chacun des Cinq Dhyâni-Bouddhas sa guirlande de fleurs merveilleuses.

TÔ BOUTSOU

TONG FO

Bouddha de l'Est.

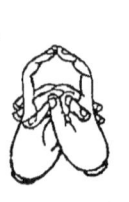

Voir le sceau n° 214.

NAN BOUTSOU

NAN FO

Bouddha du Sud.

Voir le sceau n° 216.

SAÏ BOUTSOU

SI FO

Bouddha de l'Ouest.

Voir le sceau n° 217.

1. Voir les sceaux nos 213 et 214.
2. Voir le sceau n° 8.

HÔKOU BOUTSOU

PE FO

Bouddha du Nord.

L'auteur du Manuel a omis de répéter la mudrâ de ce Bouddha; il faut le suppléer par le sceau n° 218.

NIORAÏ HATCHIOU

JOU LAI KIA TCHEOU

Armure de Tathâgata.

Voir le sceau n° 34.

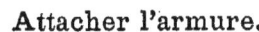

ON TON

'AN TIEN

Attacher l'armure.

Ce geste est le complément du précédent; c'est pourquoi l'auteur n'a pas jugé à propos de répéter la formule chinoise. Il a le même sens que la mudrâ 35 du Taïdzô-Kaï.

KONGÔ HAKOU

KIN KANG PHO

Battement de mains de Vajra.

Cette mudrâ a la même forme et la même sens que le sceau n° 13.

GHEN TCHI SHÏN

HIEN TCHI CHEN

Manifester le Corps de l'Intelligence.

231

Lorsqu'il a accompli la méditation relative aux cinq Dhyâni-Bouddhas et chassé les démons, l'officiant prend le corps de Kongô-satt'a (c'est-à-dire se transforme en Vajrasattva) afin de pouvoir ensuite créer le Mandara du Kongô-Kaï, ou Maṇḍala du Monde de Vajra. C'est cette transformation qu'on nomme *Ghén tchi shïn*. La mudrâ du *Croisement extérieur des doigts* [1] symbolise l'Intelligence du Satt'a [2].

KEN TCHI SHÏN

KIEN TCHI CHEN

Voir le Corps de l'Intelligence.

232

Les mots *Ghen* (de la mudrâ précédente) et *Ken* ont également le sens de « montrer, manifester », mais il y a une différence entre les deux sceaux. Le précédent avait seulement pour objet de « faire apparaître le corps de Kongô-satt'a », tandis qu'ici il s'agit de « manifester l'action de l'Intelligence de Bodhi »; en d'autres termes, le sceau précédent est le « corps » et celui-ci « l'action ».

Le geste représente « l'étendard de l'Intelligence de Bodhi [3] ».

---

1. Voir les sceaux nos 18 et 189.
2. Bodhisattva.
3. Voir le sceau nº 193.

SI DJI MIO

SEU TSEU MING

Lumière des quatre mots.

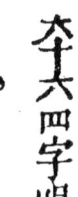

233

En possession du « corps » et de « l'activité » de Kongô-satt'a, l'officiant fait naître de ce corps Gosanzé Mio-hô, « le Roi lumineux, victorieux dans les Trois Vies »; ce qui veut dire qu'il dompte et réduit en servitude les démons.

Les « quatre mots » sont : *Djakou, Oun, Ban, Kokou* [1]. Le terme *Mio*, qui est pris dans le sens de « lumière », est simplement un qualificatif représentant la dhâraṇî de ces quatre mots; il exprime la sainteté de cette dhâraṇî dont les quatre mots ont le sens de « lumière ».

Le sceau, dérivé des *Poings de colère*, est le même que celui de Gosanzé Mio-hô [2], et nécessite quatre transformations successives.

Première forme.

En prononçant le mot *Djakou* le prêtre accroche ses auriculaires.

Deuxième forme.

Il joint les mains dos à dos, l'index de la main droite dressé ; fait le signe d'appel en repliant les index et prononce le mot *Oun*.

234

---

1. Ces quatre mots constituent en japonais une dhâraṇî probablement traduite du sanscrit.
2. Voir le sceau n° 198.

Troisième forme.

Il croise les index en proférant le mot *Ban*.

Quatrième forme.

Il prononce le mot *Kokou* et rejoint ses mains dos à dos.

Le sceau de *Si dji mio* est une incantation à l'adresse des démons, afin que le prêtre puisse les saisir dans ses mains et les réduire en son pouvoir.

DJI SAMMAYA
TCHHEN SAN MEI YE
Manifestation du Samaya.

L'officiant, transformé en Gosanzé, ayant mis les démons dans l'impossibilité de nuire, manifeste la vertu de « convertisseur » de Kongô-satt'a, ou *dji sammaya*. En passant de l'état de *Ken tchi shïn* à celui de *Dji sammaya*, il étend de plus en plus l'action de l'Intelligence de Bodhi. Au sens propre, *dji* veut dire « exprimer »; ici, il est pris dans l'acception de « montrer ». Le terme sanscrit « Samaya » exprime le vœu fondamental de Kongô-satt'a, et de l'officiant.

Ce rite comporte deux mudrâs : la première représente le corps de Kongô-satt'a, les médius dressés figurant des feuilles de lotus, prises pour symbole de ce Bodhisattva parce qu'elles sont pures comme son corps.

七十 La seconde est le sceau des **Poings de Vajra** [1], celui de droite étant censé tenir le Vajra à cinq dards (gokô), et le gauche une sonnette (réi). Nous disons « étant censés », parce que ces objets n'existent pas en réalité, mais sont seulement produits par la méditation du prêtre. La main droite (monde des Bouddhas), armée du gokô, représente les esprits de tous les êtres vivants en qui l'Intelligence de Bouddha existe à l'état parfait ; la gauche (monde matériel) agite la clochette afin de dissiper les illusions et les erreurs des êtres. Développer l'Intelligence de Bouddha dans l'esprit des êtres et dissiper leurs erreurs, tel est le vœu fondamental de Kongô-satt'a.

Ce rite accompli, le prêtre édifie le Mandara de Kongô-Kaï.

DAÏ KAÏ

TA HAI

Grand Océan.

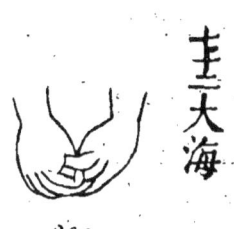

七十二 大海

La création du grand Océan doit précéder celle du Mont Shoumi et l'édification du Mandara [2].

SHOUMI SEN

SIU MI CHAN

Mont Shoumi.

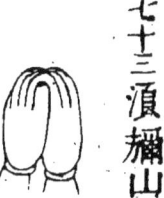

七十三 須彌山

Le mont Shoumi est le Suméru [3], le Mio Kô, la Haute-Merveille. Cette montagne, centre des Trois mille Mondes, sortie de l'Océan

---

1. Voir le sceau n° 16.
2. Pour la forme et la signification de la Mudrâ, voir le sceau n° 92.
3. Ou Mont Méru, centre et pilier de l'univers, résidence des Dévas.

du sceau précédent, est le terrain sur lequel s'édifiera le Mandara. Pour symboliser la hauteur du mont Shoumi, on élève les mains fortement serrées.

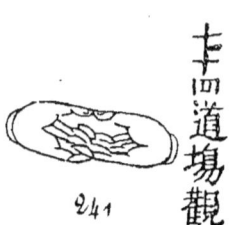

DÔ DJÔ KOUAN

TAO TCHANG KOAN

Méditation du temple.

L'officiant, ayant pris le mont Shoumi pour résidence, construit sur son sommet — par la puissance de sa méditation — le temple du Mandara et le Mandara lui-même. La Mudrâ dont il se sert est la même que le sceau n° 96.

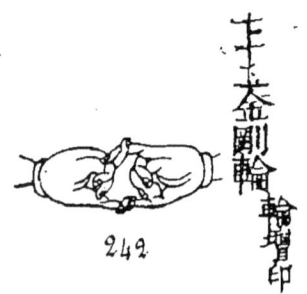

KONGÔ RÏN

KIN KANG LOEN

Roue de Vajra.

Voir le sceau n° 99.

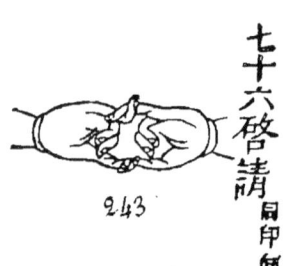

KÉI DJÔ

KHI TSHING

Sollicitation.

Même sceau que le précédent. L'officiant l'apporte sur sa poitrine, tandis qu'il récite la dhâranî, afin de supplier les Bouddhas de se rendre, montés sur cette Roue de Vajra, au temple qu'il a construit. Il envoie cette invitation dans les Cieux des Dix Quartiers du Monde.

KAÏ MON

Ouverture des portes.

Le titre de cette mudrâ n'est pas mentionné dans notre livre. C'est une faute à réparer. Le sceau consiste à faire les *Poings de Vajra* [1], en accrochant les auriculaires et en étendant les index qui se touchent par leurs extrémités. En même temps qu'il récite la dhâranî, le prêtre médite sur l'acte d'ouvrir l'une après l'autre les quatre portes du temple du Mandara, situées à l'Est, au Sud, à l'Ouest et au Nord, ouverture qu'il figure chaque fois en séparant les index.

KÉI BIAKOU IN

KHI PO YIN

Sceau de la prière.

Ce sceau consiste à croiser les doigts en faisant la figure du *san-kô* ou Vajra à trois dards.

Les quatre portes étant ouvertes, l'officiant prie les Bouddhas des Dix Quartiers du Monde de descendre dans le temple. Les trois vajras signifient que l'officiant possède une Intelligence de Bodhi très ardente ; ils symbolisent aussi les trois groupes de Bouddha, de Lotus et de Vajra ; d'où il résulte que l'officiant est censé posséder dans son cœur ces trois vertus, et c'est avec ce cœur qu'il prie les Bouddhas de se rendre à son invitation.

---

1. Voir le sceau n° 16.

KOUAN BOUTSOU KAÏ YÉ

KOAN FO HAI HOEI

Méditation de la grande réunion des Bouddhas.

Après avoir invité les Bouddhas, l'officiant médite sur leur réunion plénière. Le sceau consiste à faire la *Jonction de mains de Vajra* [1], que l'on porte à sa poitrine ; puis à étendre les index. C'est cette dernière phase du geste que représente notre dessin.

CHÔ NIORAI SHOU YÉ DJOU-ROKOU DAÏ BOSATSOU

TCHOU JOU-LAI TSI HOEI CHI LOU TA PHOU-SA

Réunion des divers Tathâgatas et des seize grands Bodhisattvas.

Le terme Chô Nioraï comprend les cinq Dhyâni et tous les autres Bouddhas. Les seize grands Bodhisattvas forment quatre groupes de quatre personnages dépendant des quatre Nioraïs, Ashikou, Hô-chô, Amida et Foukou-djô-djou ; ce sont les chefs des innombrables Bodhisattvas, qu'ils représentent ici.

Par la vertu de cette mudrâ et de la méditation, tous les Bouddhas et Bodhisattvas se trouvent réunis dans le temple, et l'officiant récite des gâthâs à la louange de chacun d'eux.

SI DJI MIO

SEU TSEU MING

Lumière des quatre mots.

Voir le sceau n° 233.

---

1. Voir le sceau n° 8.

OUN

Voir le sceau n° 234.

BAN

Voir le sceau n° 235.

KOKOU

Voir le sceau n° 236.

KONGÔ HAKOU CHÔ

KIN KANG PHOTCHANG

Battement de mains de Vajra.

Voir le sceau n° 13.

AKKA

O' KIA

Eau.

Voir le sceau n° 121.

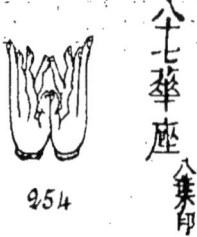

KÉ ZA

HOA TSO

Tapis de fleurs.

254   Voir le sceau n° 122.

SHÏN RÉI

TCHEN LING YIN

Sonner le grelot.

255   Voir le sceau n° 118.

KI BOSATSOU

HI PHOU-SA

Bodhisattva de joie.

256 Après avoir reçu dans le temple les Bouddhas et les Bodhisattvas ; l'officiant leur présente une série d'offrandes agréables. La première est l'offrande de musique. Pour l'effectuer, le prêtre fait apparaître un Bodhisattva du sexe féminin qui joue de la flûte : il figure la flûte en approchant de sa bouche ses mains jointes, les doigts entrelacés et les pouces levés.

MAN BOSATSOU

MAN PHOU-SA

Bodhisattva de guirlande.

257   L'officiant évoque ensuite un second Bodhisattva féminin portant une guirlande de fleurs, offrande à l'assemblée des Bouddhas. Le sceau se fait en croisant les doigts des deux mains, qui restent écartées, et en les élevant

à la hauteur du front ; ensuite, séparant ses mains, le prêtre fait le simulacre de faire tourner (dans ses doigts) une guirlande de fleurs.

KA BOSATSOU
KO PHOU-SA
Bodhisattva de chant.

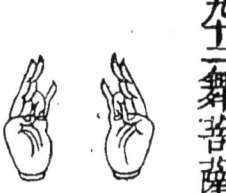

258

Un troisième Bodhisattva féminin est évoqué pour charmer la sainte assemblée par la beauté de sa voix. Le sceau se fait avec les mains ouvertes, élevées d'abord jusqu'aux épaules et abaissées ensuite jusqu'au nombril. Le prêtre joint alors les mains en croisant les doigts, puis il les écarte en les portant à sa bouche, et, arrivé là, les sépare complètement [1].

BOU BOSATSOU
OOU PHOU-SA
Bodhisattva de danse.

259

La danse devant les Bouddhas est la charge d'un quatrième Bodhisattva féminin que le prêtre fait apparaître également par sa méditation et par une mudrâ exécutée avec les deux mains levées à la hauteur de la poitrine, les annulaires repliés touchant les pouces. L'officiant les tourne et retourne devant sa poitrine pour imiter le mouvement de la danse.

On donne à ces quatre mudrâs le nom de « Sceaux des Bodhisattvas des quatre offrandes ».

---

1. Comparer avec le sceau 277.

CHO KO BOSATSOU
CHAO HIANG PHOU-SA

Brûler des parfums pour les Bodhisattvas.

Après l'évocation des quatre Bodhisattvas féminins, l'officiant procède aux offrandes de parfums, de fleurs, de lumières, d'onguents et de nourriture.

L'offrande de parfums consiste à exécuter un sceau figurant un nuage de fumée odorante, au moyen de la Jonction de mains de Vajra [1]. Lorsque la récitation de la dhâraṇî est terminée, on sépare les mains en les retournant (ainsi que le montre la figure 279), geste qui est censé représenter le nuage de fumée odoriférante.

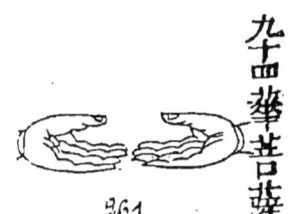

KÉ BOSATSOU
HOA PHOU-SA.

Fleurs pour les Bodhisattvas.

Pour faire cette offrande le prêtre tient ses mains ouvertes horizontalement et simule le geste de jeter des fleurs.

TO BOSATSOU
TENG PHOU-SA

Lumières pour les Bodhisattvas.

Le sceau de cette offrande consiste à joindre les mains, les doigts croisés et les pouces dressés. Les pouces représentent la « source de lumière » à laquelle l'officiant médite d'emprunter le feu.

---

1. Voir le sceau n° 8.

ZOU KO BOSATSOU
THOU HIANG PHOU-SA
Oindre de parfums les Bodhisattvas.

Le sceau de l'onction de parfums se fait en croisant les doigts des mains tenues écartées l'une de l'autre.

Par sa méditation l'officiant fait produire à son corps « l'onguent parfumé » dont il se propose d'oindre les Bouddhas et les Bodhisattvas.

BON DJIKI IN
FAN CHI YIN
Sceau des nourritures.

Le geste mystique de cette offrande est le même que celui du Fouguen Sammaya[1].

Il faut distinguer deux genres d'offrandes : les offrandes de choses (réelles) et les offrandes de raison. Les offrandes précédemment énumérées sont des offrandes de choses parce qu'elles sont de même nature que les objets matériels; celles que représente le sceau actuel sont des offrandes de raison.

On distingue quatre sortes de nourriture : — 1° Nourriture de tact; 2° nourriture de consommation; 3° nourriture de pensée; 4° nourriture de conscience. Tout ce qui satisfait l'homme par le toucher est nourriture de tact; par exemple, la satisfaction que l'on éprouve à palper de beaux vêtements. Tout ce qui nourrit le corps en passant par l'estomac est nourriture de consommation; c'est ce qu'on appelle en japonais Dan djiki (Dan signifiant « étage, distinction, classe »), parce que les mets qui remplissent les plats sont consommés

---

1. Voir le sceau 193.

successivement, comme on monte un escalier. La nourriture de pensée est tout ce qui donne satisfaction par l'imagination, ainsi, par exemple, en pensant à un fruit acide on a dans la bouche une sensation d'acidité. La nourriture de conscience est tout ce qui satisfait l'esprit et rend la conscience forte et saine.

La nourriture de tact et celle de consommation sont des nourritures de choses; la nourriture de pensée et celle de conscience sont des nourritures de raison, et dans le cas présent le sceau représente la nourriture de conscience parce que, quand l'officiant possède pleinement l'Intelligence de Bodhi, les Bouddhas sont satisfaits dans leur conscience.

FOU KOU-YÔ

PHOU KONG YANG

Offrande universelle.

Après les offrandes spéciales, l'officiant procède à l'offrande générale. Son sceau est la Jonction de mains de Vajra. Avec ses mains jointes, les pouces dressés et les index appuyés sur les médius, le prêtre forme une Boule précieuse dont il fait sortir des bannières, des tentures, etc., en quantité illimitée. Il fait « pleuvoir les offrandes ».

SAN

TSAN

Louanges.

Récitation de gâthâs à la louange des quatre Intelligences des Bouddhas [1].

---

1. Voir le sceau n° 144.

HIAKOU DJI SAN

PO TSEU TSAN

Éloge en cent mots.

Même sceau que celui de l'Épée de Daï Niti [1]. Le prêtre fait l'éloge de Daï Niti Nioraï en prononçant une gâthâ de cent mots.

KON PON IN

KEN PEN YIN

Sceau de la racine fondamentale.

C'est encore le sceau de la Grande Épée de Daï Niti Nioraï [2].

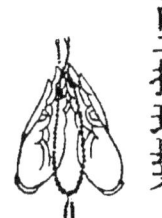

HO DJOU MAN

PHONG TCHOU MAN

Offrande de la guirlande de perles.

L'officiant fait ce geste au moment de réciter la dhâranî de Daï Niti du Kongô-Kaï. La Guirlande de Perles est simplement le chapelet. Le prêtre parfume le chapelet ; le prend avec ses deux médius et le porte à son front [3].

CHÔ NEN DJOU

TCHENG NIEN SONG

Vrai Nen Djou.

Voir le sceau n° 148.

---

1. Voir le sceau 210.
2. Pour l'explication, voir 213.
3. Voir le n° 147.

SCEAUX DE KONGOKAI

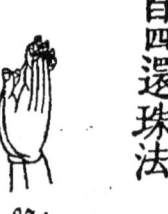

百四還珠法

GUEN CHOU HÔ

HOAN TCHOU FA

Règle pour reposer le chapelet.

Voir le sceau n° 149.

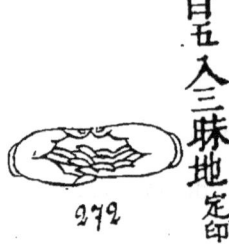

百五入三昧地定印

NIOU SAMMADJI.

JOU SAN MEI TI.

Entrer en Samâdhi.

Voir le sceau n° 150.

百六根本印明契前

KON PON IN MIÔ

KEN PEN YIN MING

Sceau de la racine fondamentale.

Voir le sceau n° 263.
Le mot Miô, ajouté ici, indique que l'officiant récite la dhâraṇî de Kongô-satt'a.

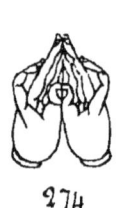

百七部母印明 契八道

BOU MÔ IN MIÔ.

POU MOU YIN MING

Sceau de la Mère des classes.

Même sceau que celui du n° 152.

百八嬉菩薩

KI BOSATSOU

HI PHOU-SA

Bodhisattva de Joie.

Voir le sceau n° 256.

MAN BOSATSOU

MAN PHOU-SA

Bodhisattva à la guirlande.

Voir le sceau n° 257.

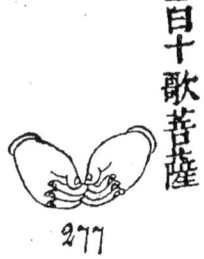

KA BOSATSOU.

KO PHOU-SA

Bodhisattva de chant.

Voir le sceau n° 258.

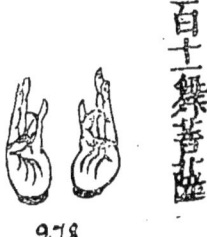

BOU BOSATSOU

OOU PHOU-SA

Bodhisattva de danse.

Voir le sceau n° 259.

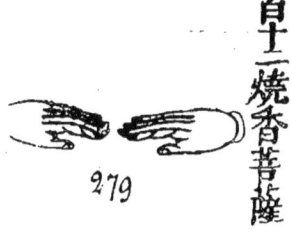

CHÔ KÔ BOSATSOU

CHAO HIANG PHOU-SA

Brûler des parfums pour les Bodhisattvas.

Voir le sceau n° 260.

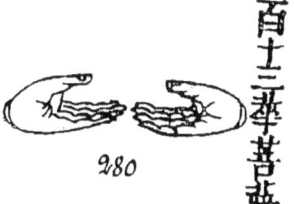

KÉ BOSATSOU

HOA PHOU-SA

Fleurs pour les Bodhisattvas

Voir le sceau n° 261.

TÔ BOSATSOU

TENG PHOU-SA

Lumières pour les Bodhisattvas.

Voir le sceau n° 262.

ZOU KÔ BOSATSOU

THOU HIANG PHOU-SA

Oindre de parfums les Bodhisattvas.

Voir le sceau n° 263

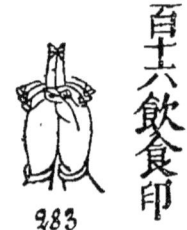

BON DJIKI IN

FAN CHI YIN

Sceau des nourritures.

Voir les sceaux n°ˢ 193 et 264.

FOU KOU-YÔ

PHOU KONG YANG

Offrande universelle.

Voir les sceaux n°ˢ 142 et 265.
Ces dix sceaux sont identiques à ceux des n°ˢ 256 à 265 et correspondent à une nouvelle série d'offrandes.

AKKA

O KIA

Eau.

Voir les sceaux n°ˢ 124 et 136.

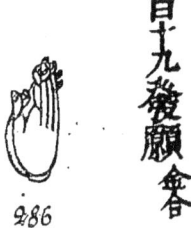

HOTSOU GAN

FA YUEN

Manifestation des désirs.

Voir le sceau n° 154.

GHÉ KAÏ

KIAI KIAI

Libération du monde. Sceau de Gosanzé [1].

Par les sceaux 195 à 199, l'officiant est entré dans le Samaya de Gosanzé afin de chasser les démons. En formant de nouveau ce sceau, il « délie » le monde qu'il avait « lié », parce que les Bouddhas sont sur le point de rentrer dans leurs Cieux respectifs.

BOU DZÔ

FONG SONG

Reconduire respectueusement (les Bouddhas).

Voir le sceau n° 159.

CHÔ NIORAÏ KADJI

TCHOU JOU-LAI KIA TCHI

Kadji de plusieurs Tathâgatas.

Même sceau et même sens que le n° 214, les cinq Nioraïs étant considérés comme représentant l'ensemble de tous les Bouddhas.

---

1. Voir le sceau n° 198.

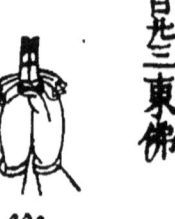

TÔ BOUTSOU

TONG FO

Bouddha de l'Est.

Voir le sceau n° 215.

NAN BOUTSOU

NAN FO

Bouddha du Sud.

Voir le sceau n° 216.

SAÏ BOUTSOU

SI FO

Bouddha de l'Ouest.

Voir le sceau n° 217.

HÔKOU BOUTSOU

PE FO

Bouddha du Nord.

Voir le sceau n° 218.

DAÏ NITI NIORAÏ

OOU JOU-LAI KOAN TING YIN

Sceau de l'Épée.

Voir le sceau n° 219.

295

百八東佛

TÔ BOUTSOU

TONG FO

Bouddha de l'Est.

Voir le sceau n° 215.

296

百九南佛

NAN BOUTSOU

NAN FO

Bouddha du Sud.

Voir le sceau n° 216.

297

百卅西佛

SAÏ BOUTSOU

SI FO

Bouddha de l'Ouest.

Voir le sceau n° 217.

298

百卅北佛

HÔKOU BOUTSOU

PE FO

Bouddha du Nord[1].

En exécutant ces Kadji (rites de purification) des Bouddhas, l'officiant devient de plus en plus pur et saint.

---

1. Voir le sceau n° 218.

SCEAUX DE KONGOKAI

HÔ IN

PAO YIN

Sceau du Trésor.

En faisant ce sceau l'officiant acquiert une pureté parfaite et obtient, quand il sort du temple, le respect et l'amour de tous les êtres vivants. C'est le sceau de Hôchô Nioraï, le Bouddha du Sud, qui a précisément pour fonction spéciale de donner aux êtres vivants ces deux vertus de respect et d'amour.

NIORAÏ HATCHIOU

JOU-LAI KIA TCHEOU

Armure de Tathâgata.

Voir les sceaux nᵒˢ 6, 34 et 228.

ON TON

AN TIEN

Attacher l'armure.

Voir les sceaux nᵒˢ 7, 35 et 229.

KONGÔ HAKOU.

PHO TCHANG

Battement de mains de Vajra.

Voir les sceaux nᵒˢ 13 et 230.

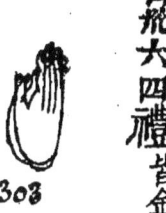

百乳大四禮皆金合

SI RAÏ

SEU LI

Quatre saluts.

Voir le sceau n° 180.

SCEAUX

DU RITE DE GOMA

———

Nous avons déjà dit que le terme *Goma* est sanscrit [1] et se traduit par « flamme brûlante ». Ce rite a été pratiqué dans l'Inde antique. Le Véda en cite quarante-quatre formes. Mais ici le sens du rite, pratiqué d'après le Goma du Daï Niti Kiô (Goma du monde présent et du monde futur), est tout différent de celui que lui attribue le Véda, qui considère le Feu comme le Corps de la Divinité et lui fait des offrandes afin d'écarter les maux et d'acquérir des biens. Pour les bouddhistes, le Feu, purifié et consacré par l'eau sainte d'après le rite de Kadji [2], est considéré comme le Feu de l'Intelligence (ou Sagesse) de Bouddha. A l'aide de ce feu, le prêtre détruit (brûle) les passions [3] des êtres vivants et les rend tous égaux des Bouddhas. Tel est le Goma du bouddhisme mystique.

Il y a deux Gomas : le Goma intérieur, sans forme, et le Goma extérieur, avec forme. Le premier est un rite par lequel l'officiant purifie le monde au moyen du Feu de l'Intelligence en s'établissant dans le Samâdhi [4] ardent du mot *Ram* [5]. Le second consiste à faire brûler dans un foyer

---

1. C'est le *Homa* védique, l'holocauste spécialement consacré à Agni, le dieu du Feu.
2. Voir les mudrâs 3, 10, 12 et 155.
3. Bhumika.
4. Méditation intense, extatique.
5. Voir pages 33 et 65.

des morceaux de bois arrosés d'une huile spéciale suivant des règles très nombreuses.

Le Goma de notre livre appartient à cette dernière catégorie, appelée *Ghé Goma* et subdivisée en douze rites. Il s'agit ici du second rite de Goma, dit de la « Cessation des maux ». Ces maux sont de deux sortes : ceux qui viennent du dehors [1] et ceux qui proviennent de l'intérieur des êtres vivants. Parmi les règles de ce rite, il y en a qui ressemblent beaucoup au rituel dont il est question dans le Véda.

304.

Le dessin ci-dessus représente la disposition et l'ornementation de l'autel pour le rite de Goma, avant la célébration de la cérémonie.

1. Du monde extérieur.

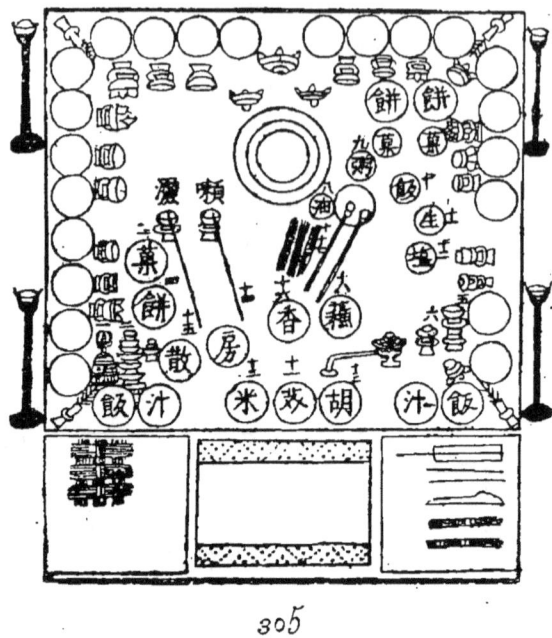

305

Celui-ci montre la disposition de l'autel pendant le cours de la cérémonie. Nous ne pouvons entrer dans une explication détaillée de ces deux dispositions qui nous entraînerait trop loin.

De même qu'il est subdivisé en douze rites, le Goma a plusieurs formes. Celle qu'indique le dessin porte le nom de Rokou dan siki, « Forme des six phases ou six degrés ». A chaque phase de la cérémonie, l'officiant met du bois sur le feu et brûle des offrandes. De ces six phases, les trois premières ont pour objet d'inviter les Ka-tens[1] et de les prier d'écarter les obstacles ; la quatrième est le Goma principal ; pendant la cinquième, on fait des offrandes aux Bouddhas, aux Bodhisattvas et aux Dévas supérieurs, à l'exception de la Divinité principale ; la sixième a pour but de faire participer aux bienfaits de ce rite les Tens[2] de ce

---

1. Dieux du feu.
2. Dieux du ciel, Dévas.

monde et les démons du monde de ténèbres. Tel est, résumé, le rite de Rokou dan siki.

KONGÔ-KAROUMA BOSATSOU IN

KIN KANG KIA MO PHOU-SA YIN

Mudrâ du Bodhisattva Vajra-Karma.

Ce sceau doit s'exécuter avant d'allumer le feu. Pour le former, l'officiant replie les annulaires des deux mains en les retenant par les pouces, étend les trois autres doigts (qui figurent le Vajra à cinq dards, ou gokô) et croise les bras. Ce geste signifie que le prêtre, plongé dans le Samâdhi du Bodhisattva Kongô-Karouma (Vajra-Karma), construit le foyer et l'autel du sacrifice au moyen d'un instrument composé de trois vajras.

Karouma [1] est un mot sanscrit qui se traduit par « travail ou œuvre » et le Bodhisattva Kongô-Karouma est l'ingénieur qui exécute les travaux à faire dans le monde des Bouddhas et des Bodhisattvas [2].

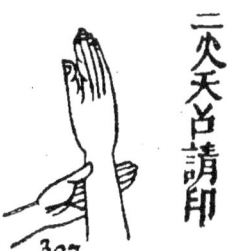

KA-TEN TCHÔ SHÔ IN

HO THIEN TCHAO TSHING YIN

Mudrâ de l'invitation de Ka-ten.

C'est le premier acte de la célébration du Goma, une invitation à Ka-ten [3], Dieu du feu, de venir prendre place au milieu du foyer pour recevoir sa part des offrandes. A cet effet, l'officiant prononce la dhâranî de circonstance et fait le geste d'appel avec la main droite. Ka-ten est le Déva appelé « Agniana » ou « Jñâna », incarnation de « Bora

---

1. Karma.
2. Ce rôle est plutôt celui de Viçva-Karman.
3. *Ka* « feu » = Agni; *ten*, « Déva, Dieu ».

Kâma¹ ». On invite ce Déva avant de procéder au Goma principal, afin qu'il n'apporte aucun obstacle à la cérémonie.

YÔ-CHÔ DJÔ IN

YAO TCHAO TSHING YIN

Mudrâ de l'invitation des Astres.

L'invitation adressée aux Astres est la seconde phase de la cérémonie. Elle a le même but et le même sens que la formalité précédente. Les astres sont les sept Planètes (auxquelles s'applique plus spécialement le terme Yô-chô) : Soleil², Lune³, Feu⁴, Eau⁵, Bois⁶, Métal⁷, Terre⁸ (ou neuf, si on y ajoute Ragô⁹ et Keito¹⁰) et les Douze Kious¹¹ ou Palais.

Le sceau se fait en réunissant les mains en forme de coupe, les index repliés s'appuyant contre les pouces. Les pouces sont les instruments d'appel pour l'invitation.

---

1. Il nous a été impossible d'identifier ce dieu, qui paraît être une forme d'Agni.
2. Niti yô-chô (Sûrya).
3. Gatchi yô-chô (Candra).
4. Ka yô-chô (Mangala), Mars.
5. Soui yô-chô (Budha), Mercure.
6. Mo-kou yô-chô (Bṛihaspati), Jupiter.
7. King yô-chô (Çukra), Vénus.
8. Dô yô-chô (Çani), Saturne.
Ces cinq dernières planètes sont assimilées aux cinq éléments cycliques.
9. Rāhu, planète invisible.
10. Kétu, planète invisible.
11. Constellations ou signes du Zodiaque. Ce sont :
1. Hô-biô-gou (Kumbha), le Verseau ; 2. Sô-guiô-gou (Mīna), les Poissons ; 3. Biakou-yô-gou (Meṣa), le Bélier ; 4. Gô-mitsou-gou (Vṛṣan). le Taureau ; 5. Nan-niô-gou (Kanya), la Vierge ; 6. Bô-gué-gou (Karkota), l'Écrevisse ; 7. Si-si-gou (Siṃha), le Lion ; 8. Sô-niô-gou (Mithuna), les Gémeaux ; 9. Hiô-riô-gou (Tulā), la Balance ; 10. Kat-tchien-gou (Ālī), le Scorpion ; 11. Kou-gou (Dhanus), le Sagittaire ; 12. Ma-Katsou-gou (Makara), le Capricorne.

CHIKOU TCHÔ SHÔ IN

SOU TCHAO TSHING IN

Mudrâ de l'invitation des Constellations.

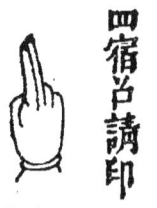

L'intention et l'objet de cette invitation sont les mêmes que précédemment. Le mot Chikou désigne les constellations. Il y a vingt-huit Chikous [1] : sept à l'Est, sept au Sud, sept à l'Ouest et sept au Nord. L'officiant les invite à venir prendre place au foyer en récitant une dhâranî et en faisant avec la main droite le geste du Sabre [2]. L'index et le médius dressés sont les instruments d'appel. La main gauche fait le Poing de Vajra et se place sur la cuisse gauche.

HONDZON BOU DJÔ NO IN

PEN TSOEN FONG TSHING YIN

Mudrâ de la réception du Hondzon ou Dieu principal [3].

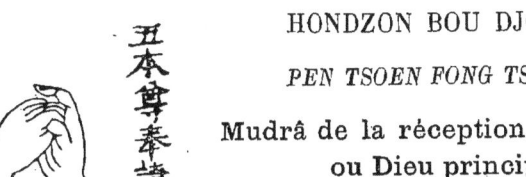

Ce quatrième acte, le plus important, de la cérémonie a pour but d'inviter Foudô Mio-hô, le Dieu principal du rite de Goma, à venir prendre place au milieu du foyer. A ce moment, l'officiant médite sur la destruction

---

1. Ce sont : 1. Kakou (Citrā) ; 2. Kô (Svātī) ; 3. Téi (Viçākhā) ; 4. Bô (Anurādhā) ; 5. Sïn (Jyeṣṭhā) ; 6. Bi (Mūla) ; 7. Ki (Pūrvāṣāḍhā) ; 8. Tô. (Uttarāṣāḍhā) ; 9. Gô (Abhijit) ; 10. Niô (Çravana) ; 11. Kiô (Çraviṣṭhā) ; 12. Kié (Çatabhiṣaj) ; 13. Sitsou (Pūrvabhādrapadā) ; 14. Héki (Uttarabhādrapadā) ; 15. Kéï (Revatī) ; 16. Rou (Açvinī) ; 17. 1 (Bharaṇī) ; 18. Bô (Kṛttikā) ; 19. Hitsou (Rōhinī) ; 20. Si (Mṛgaçīrṣā) ; 21. San (Ardrā) ; 22. Séï (Punarvasu) ; 23. Ki (Puṣya) ; 24. Riou (Āçleṣā) ; 25. Siô (Maghā) ; 26. Tchô (Phalgunī) ; 27. Yô-Kou (Uttaraphalgunī) ; 28. Sïn (Hasta).

2. Voir le sceau n° 109.

3. Le Hondzon est le Dieu patron du Temple, ou bien celui auquel le prêtre s'est voué particulièrement. Quelquefois le Hondzon est un Dieu quelconque choisi pour présider à la cérémonie. Ici, Foudô Mio-hô est considéré comme président attitré de ce rite de Goma.

(combustion) complète des passions [1] des êtres vivants. Le sceau exécuté ici est le même que le 112.

CHOSSON TCHÔ SHÔ NO IN

TCHOU TSOEN TCHAO TSHING YIN

Mudrâ de l'invitation de toutes les divinités.

Les divinités auxquelles s'adresse cette invitation forment trois groupes : le groupe de Boudha, le groupe de Lotus et le groupe de Kongô ou de Vajra [2]. L'officiant les prie de venir prendre place « dans le foyer », afin de leur procurer la satisfaction résultant de l'holocauste. Le sceau est le même que le précédent.

SÉ-TEN TCHÔ SHÔ NO IN

CHI THIEN TCHAO TSHING YIN

Mudrâ de l'invitation des Dieux des mondes.

Sé signifie « vie ou monde », et *ten* « déva, dieu », par conséquent le terme Sé-ten comprend toutes les divinités célestes qui existent dans les divers mondes. Parmi les Sé-tens sont compris : Foudô-Mio-hô, le dieu à quatre bras, chef des divinités célestes [3], qu'il ne faut pas confondre avec Foudô Mio-hô, Dieu principal du rite de Goma ; Taï-Chakou-ten [4] ; Ka-ten [5] ; Yemma-ten [6] ; Ra-setsou-

---

1. Bonnô, en sanscrit Bhumika.
2. Voir page 102, note.
3. C'est celui qui préside le groupe des Mio-hôs ou Tembous, placé à la droite de celui des Nioraïs dans le Mandara du musée Guimet.
4. Çakra ou Indra, est.
5. Agni, sud-est.
6. Yama, sud.

ten [1]; Souï-ten [2]; Fou-ten [3]; Bishamon-ten [4]; Ishana-ten [5]; Bon-ten [6]; Dji-ten [7]; Niti-ten [8]; Ga-ten [9]; les neuf Planètes [10]; les vingt-huit Constellations [11] et les Dieux célestes qui en dépendent. Le sceau de cette invitation consiste à joindre les mains en repliant les pouces. Les pouces servent à faire le geste d'appel aux Dieux invités à jouir de la satisfaction que doit leur procurer la célébration du rite de Goma.

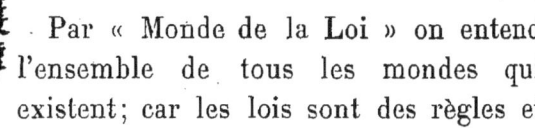

HÔ KAÏ SHOU DJÔ GOMA

FA KIAI TCHONG CHENG HOU MO

Goma pour tous les êtres vivants du Monde de la Loi.

343

Par « Monde de la Loi » on entend l'ensemble de tous les mondes qui existent; car les lois sont des règles et tous les mondes existent en vertu des règles du Karma [12]. Les êtres vivants dont il est question ici, sont les misérables créatures de ténèbres, telles que les Gakis [13] et les Shouras [14]

---

1. Nakṛti, sud-ouest.
2. Varuṇa, ouest.
3. Vāyu, nord-ouest.
4. Vaiçravana, nord.
5. Içana, nord-est.
6. Brahmā, zénith.
7. Bhumi-devī ou Pṛthivī, nadir.
8. Âditya, le soleil.
9. Candra, la lune.
10. Voir page 141.
11. Voir page 142.
12. Conséquence fatale des actes bons ou mauvais qui règle la transmigration des âmes.
13. Bhūtas, Prétas et Piçācas.
14. Dans l'Inde, le terme *Sura* désigne les dévas; ici ce sont les démons Asuras qui sont visés. Il est intéressant de constater que les Japonais ont conservé au terme Asura sa signification védique de Dieu; car ils ont dans leur Panthéon un Ashoura-hô, déva ou génie bienfaisant, qui fait partie de la classe des Kongôs.

qui remplissent ces mondes. Le but du rite est de leur donner les reliefs des offrandes qui sont dans le feu, et de leur inspirer l'amour de la Loi. C'est là ce qu'on appelle le « Goma de tous les êtres vivants du Monde de la Loi ». Le sceau de ce rite est le même que celui de Sé-méi.[1]. La main gauche fait le « Poing de Vajra[2] ».

KADJI BON DJIKI IN MIÔ

KIA TCHI FAN CHI YIN MING

Mudrâ de la purification du riz.

Par la vertu de ce sceau, l'officiant procure du riz aux êtres misérables dont il vient d'être question. Tandis qu'il récite une dhâraṇî, il détend l'index de sa main droite que le pouce maintenait replié, ce qui produit un léger son, signal du réveil de ces êtres et de la permission qui leur est accordée de se repaître du restant des offrandes[3].

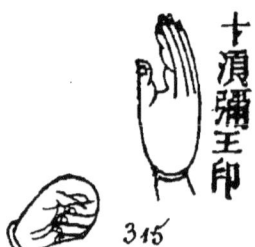

SHOUMI SEN HÔ IN

SIU MI OANG YIN

Mudrâ du Shoumi, roi des monts.

Le mont Shoumi, ainsi que nous l'avons déjà dit[4], est le Suméru sanscrit que l'on nomme aussi Miô-kô, « Haute Merveille ». On l'appelle Roi, parce qu'il est supérieur à toutes les autres montagnes.

La main droite levée représente le mont Shoumi[5]. Ce geste a pour objet de distribuer ce qui reste des offrandes aux êtres

---

1. Voir le sceau n° 71.
2. Voir le sceau n° 16.
3. Voir le sceau n° 264.
4. Voir page 118.
5. Voir le sceau n° 240.

misérables, vivant sur le mont Shoumi et dans ses environs, qui n'ont pas pu se rendre à l'invitation du Goma de tous les êtres. C'est également le sceau de Sé-méi [1] et on peut le considérer comme le complément de la mudrâ 313.

ITCHI DJI SOUI RIN KOUAN
YI TSEU CHOEI LOEN KOAN

Méditation d'un mot sur la Roue de l'Eau.

Ce mot est Ban, essence de l'Eau. En méditant sur ce mot et en le renfermant dans le sceau de Sé-méi, l'officiant produit du « lait » qu'il distribue aux êtres vivants du monde des ténèbres.

---

1. Voir le sceau n° 74.

SCEAUX DE DJOU-HATCHI DO

ou

DES DIX-HUIT RITES

Le nom de Djou-hatchi Dô a été donné à ce rite parce qu'il a pour éléments essentiels dix-huit sceaux fondamentaux, savoir :

1° Boutsou bou sammaya, « Samaya du groupe de Bouddha » ;
2° Renghé bou sammaya, « Samaya du groupe de Lotus » ;
3° Kongô bou sammaya, « Samaya du groupe de Vajra » ;
4° Kétsou gô shïn, « Formation de la mudrâ de la défense du corps » ;
5° Kiô gakou, « Réveil » ;
6° Dji kétsou, « Consolidation du terrain » ;
7° Kongô chô, « Mur de Vajra » ;
8° Dô djô kouan, « Méditation du temple » ;
9° Sô cha rô, « Envoi de chars » ;
10° Shô cha rô, « Prière pour faire monter dans les chars » ;
11° Ghé chô, « Réception » ;
12° Djô djou ma, « Poursuite des démons » ;
13° Kongô mô, « Filet de vajra » ;
14° Ka In, « Maison ceinte de flammes » ;
15° Niou sammadji, « (Première) entrée dans le Samâdhi » ;
16° Kon pon In, « Mudrâ de la racine fondamentale » ;
17° Chô Nen djou, « vrai Nendjou » ;

18° Niou sammadji, « (Deuxième) entrée dans le Samâdhi ».

Tout rite religieux s'adresse à une divinité, et cette divinité quelconque s'appelle Hondzon, Dieu principal, ou Divinité fondamentale. Dans le rite de Taïdzô-Kaï, le Hondzon est Daï Niti Nioraï de Taïdzô-Kaï; dans celui de Kongô-Kaï, c'est Daï Niti Nioraï de Kongô-Kaï ; mais pour le Djou-hatchi Dô il n'existe point de Hondzon déterminé. Il est au choix de l'officiant, qui s'adresse à celui des Dieux dont les fonctions sont le plus en rapport avec les causes ou les motifs variables de la cérémonie. En tout cas, le Hondzon n'a qu'un corps de raison, sans forme matérielle. Ce ne peut donc jamais être une image de bois, de pierre, de terre ou de bronze.

KADJI I

KIA TCHI YI

Purification des vêtements.

Voir le sceau n° 1.

DJÔ SAN GÔ

TSING SAN YE

Purification de trois choses.

Voir le sceau n° 9.

BOUTSOU BOU SAMMAYA

FO POU SAN MEI YE

Samaya du groupe de Bouddha.

Selon la doctrine mystique, les Dieux se répartissent en trois grandes classes : « Groupe de Bouddha »,

« Groupe de Lotus »,

« Groupe de Vajra »¹.

Le groupe de Bouddha renferme tous les Bouddhas ou Tathâgatas des Dix Quartiers du monde; le Groupe de Lotus, tous les Bodhisattvas; le Groupe de Vajra, tous les Dévas (Mio-hôs et Tens). Cet ensemble se nomme le « Monument des trois Groupes ». Il s'agit ici du Groupe de Bouddha, qui constitue la première classe.

Pour faire le sceau on exécute la Jonction de mains de l'Esprit, qui consiste à former une sorte de coupe avec les mains, les auriculaires, les annulaires et les médius se touchant, les index appliqués sur la face dorsale des médius, et les pouces appuyés à la base des index. L'officiant applique sur son front ce sceau qui symbolise le Front de Bouddha. Les doigts de terre, d'eau et de feu² représentent le Front de Bouddha recouvert de cheveux frisés³. Les index⁴ figurent les rayons de lumière éclatante qui illuminent le Front de Bouddha⁵.

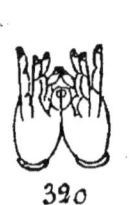

RENGHÉ BOU SAMMAYA

LIEN HOA POU SAN MEI YE

Samaya du groupe de Lotus.

Ce sceau, récipient des Vertus⁶ de tous les Bodhisattvas, est le même que celui de Huit Feuilles⁷. Le prêtre l'applique sur son épaule droite.

---

1. Voir pages 102 et 143.
2. Auriculaires, annulaires et médius.
3. On se rappelle que la frisure des cheveux est une des beautés caractéristiques des Bouddhas.
4. Ou doigts de l'air.
5. Le Nimbe, Auréole ou Gloire qui entoure la tête des Bouddhas.
6. Ici le mot Vertu implique le double sens de « qualité » et de « puissance ».
7. Voir le sceau n° 65.

KONGÔ BOU SAMMAYA

KIN KANG POU SAN MEI YÈ

Samaya du groupe de Vajra.

Ce sceau contient toutes les Vertus[1] des Mio-hôs et des Tens[2], et sa forme est la même que celle de la mudrâ 22. L'officiant l'applique sur son épaule gauche[3].

KÉTSOU GÔ SHÏN SAMMAYA

KIE HOU CHEN SAN MEI YE

Samaya de la formation de la Mudrâ de la défense du corps.

Cette Mudrâ est identique au sceau de Hi-Kô[4], la seule différence est dans le nom.

SAN GHÉ KÉ

TCHHAN HOEI KIE PHOU YIN

Confession et récitation de la formule Ké.

Voir le sceau n° 8.

DJO-SAN GÔ

TSING SAN YE

Purification de trois choses.

Voir le sceau n° 9.

---

1. Même observation que ci-dessus.
2. Dieux de tous ordres.
3. L'ensemble de ces trois gestes fait une sorte de signe de croix.
4. Voir le sceau n° 6.

SCEAUX DE DJOU-HATCHI DO

KADJI KÔ SOÙI

KIA TCHI HIANG CHOEI

Consécration de l'eau parfumée.

Voir le sceau n° 10.

325

CHÔ DJÓ

CHAI TSING

Purification par aspersion.

Voir le sceau n° 11

326

KADJI KOU MOTSOU

KIA TCHI KONG OOU

Purification des offrandes.

Voir le sceau n° 12.

327

HAKOU CHÔ

PHOTCHANG

Battement de mains.

Voir le sceau n° 13.

328

TAN DZI

TAN TCHI

Lancer le doigt.

Voir le sceau n° 14.

329

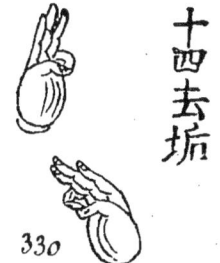

KÔ KOU

KHIU KEOU

Enlever les impuretés.

Voir le sceau n° 15.

CHÔ DJÔ

TSHING TSING

Purification.

Voir le sceau n° 16.

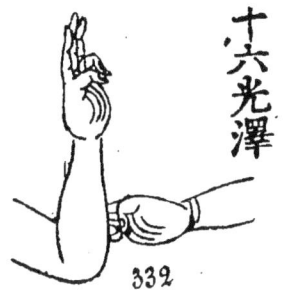

KÔ TAKOU

KOANG TSE

Lumière brillante.

Voir le sceau n° 17.

SHOU MA KI GAN

CHEOU MO KHI YUEN

Prière après s'être frotté les mains.

Mudrâ de même forme que le sceau n° 18. On lui donne ce titre parce que le prêtre récite la dhâraṇî en croisant ses doigts après s'être frotté les mains.

RÉI HÔ KON DZOU KOU

LING FA KIEOU TCHOU KIU

Vœu de la durée éternelle de la Loi.

Mudrâ identique au sceau n° 19. Son nom vient de ce que le prêtre émet à ce moment le vœu que la Loi ait une durée éternelle.

KIÔ GAKOU

KING KIO

Éveil.

Voir le sceau n° 21.

KOU HÔBEN

KIEOU FANG PIEN

Neuf moyens (de devenir Bouddha).

Ce sceau unique remplace les neuf mudrâs que fait le prêtre dans le rite de Taïdzo-Kaï [1]. C'est le Sceau universel, la Jonction de mains de Vajra [2]. Le dessin est mal fait.

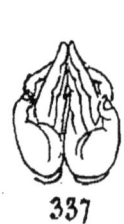

BOUTSOU BOU SAMMAYA

FO POU SAN MEI YE

Samaya du groupe de Bouddha.

Voir le sceau n° 319.

---

1. Voir les sceaux de 22 à 30.
2. Voir le sceau n° 8.

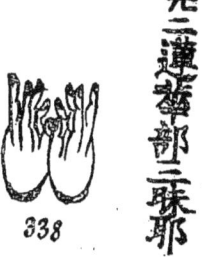

RENGHÉ BOU SAMMAYA
LIEN HOA POU SAN MEI YE

Samaya du Groupe de Lotus.

Voir le sceau n° 320.

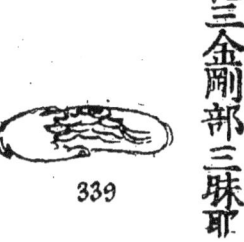

KONGÔ BOU SAMMAYA
KIN KANG POU SAN MEI YE

Samaya du Groupe de Vajra.

Voir le sceau n° 321.

KETSOU GÔ SHÏN
KIE HOU CHEN SAN MEI YE

Samaya de la formation du sceau de la défense du corps.

Voir le sceau n° 322.

DJI KÉTSOU
TI KIE

Consolidation du terrain.

Ce rite a pour but de faire pénétrer le Vajra de Diamant dans le sol du Temple, afin de le consacrer et de lui donner la solidité du diamant.

Le sceau consiste à faire croiser les annulaires et les médius, — les index, les auriculaires et les pouces se touchant respectivement par leurs extrémités. L'officiant l'applique sur sa poitrine et incline trois fois les pouces vers la terre en récitant la dhâraṇî appropriée. La mudrâ est celle du Vajra à trois dards ou San-kô.

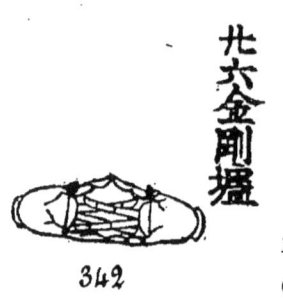

342

KONGÔ CHÔ

KIN KANG LOU

Murs de Vajra.

Même sceau que le précédent, mais retourné. Le prêtre le dirige vers sa droite tout en récitant une dhâraṇî. Par ce moyen, il élève autour du temple des Murs de Vajra [1], afin d'empêcher les démons de pénétrer dans son enceinte.

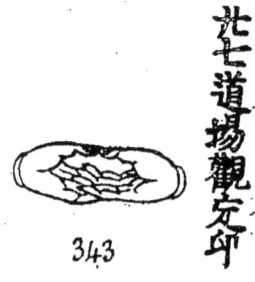

343

DÔ DJÔ KOUAN

TAO TCHHANG KOAN TING YIN

Méditation du temple.

Voir le sceau n° 96.

344

SAN RIKI GHÉ

SAN LI KIE PHOU YIN

Trois Forces. Sceau universel.

Voir le sceau n° 97.

345

FOU TSOU KOUYÔ

PHOU THONG KONG YANG

Offrande universelle.

Voir le sceau n° 98.

---

1. Ici *Vajra* semble devoir signifier « diamant ».

SHÏN RÉI

TCHEN LING

Sonner le grelot.

Voir le sceau n° 111.

SÔ CHA RÔ

SONG TCHHE LOU

Envoi de chars.

Par la vertu de sa méditation et de la récitation de la dhâraṇî, le prêtre envoie dans les Paradis des Dix Quartiers du Monde des chars destinés à servir de véhicules aux Bouddhas qu'il a invités à se rendre dans le temple préparé à leur intention. Le sceau consiste à croiser les doigts des mains ouvertes la paume tournée en dessus, les index se touchant par leurs extrémités et les pouces appuyés sur la base des index. Les auriculaires, les annulaires et les médius représentent le char. Le départ des chars est symbolisé par la détente des pouces.

SHÔ CHA RÔ

TSHING TCHHE LOU

Réception (des Bouddhas arrivant dans) des chars.

Même sceau que le précédent; mais, en prononçant la dhâraṇî, le prêtre ramène ses pouces dans l'intérieur des mains et médite sur la réception des Bouddhas arrivant dans les chars.

GHÉI SHÔ CHÔ SHOU
YING TSHING CHENGTCHONG

Réception des Saints Bouddhas.

Mudrâ identique, comme forme et sens, au sceau n° 115.

Réception des Bodhisattvas.

Voir le sceau n° 113.

Réception des dieux et des génies.

Même mudrâ que le n° 114. Il faut remarquer cependant que, dans la figure 114, les pouces sont placés en dehors, tandis qu'ici ils sont à l'intérieur des mains.

DJÔ DZOU MA KÔ KOU IN
TCHHOU TSHONG MO KHIU KEOU YIN

Mudrâ de l'expulsion des démons et de la purification des impuretés.

Le geste se fait avec la main gauche, dont l'index, le médius et l'annulaire dressés figurent un Vajra à trois dards (San-Kô). Tout en récitant la dhâraṇi le prêtre dirige le sceau vers sa droite pour effectuer un double acte de purification ayant pour but — d'un côté, de mettre en fuite les démons qui ont pu tenter de pénétrer dans le temple à la suite des Bouddhas, des Bodhisattvas et des Dieux, — de l'autre, de détruire les impuretés qui peuvent se trouver dans l'enceinte consacrée.

DJI SAMMAYA

TCHI SAN MEI YE

Manifester le Samaya.

Exécutant le même geste avec sa main droite, le prêtre achève et parfait l'acte qu'il vient d'accomplir de la main gauche. Pour l'explication du terme Dji Sammaya, voir la Mudrâ n° 120.

KONGÔ MÔ

KIN KANG OANG

Filet de Vajra.

Une fois la cérémonie de réception des Boudhas, Bodhisattvas et Dévas terminée, le prêtre tend dans l'espace, autour du temple, des « filets de Vajra (diamant) », afin de l'orner et de le protéger. A cet effet, il reproduit le sceau n° 342 qu'il porte à son front en récitant une dhâranî.

KA IN

HO YUEN

Édifice entouré de flammes.

Afin d'effrayer les mauvais esprits et les éloigner du temple, le prêtre édifie, par sa méditation, des Murs de Flammes qui entourent les Murs de Diamant. Pour ce faire, il pose le dos de sa main droite sur la paume de sa main gauche, formant ainsi le triangle qui symbolise le « corps du feu », tandis que les pouces écartés représentent l'espace vide. Puis il prononce une dhâranî et dirige le sceau vers la droite. Alors se produit une flamme qui forme une enceinte autour des Murs de Vajra.

AKKA

O KIA

Eau.

Voir les sceaux n°s 121 et 136.

KÉ-ZA

HOA TSO PA YE YIN

Tapis de Lotus. Mudrâ de Huit feuilles.

Voir le sceau n° 122.

ZEN RAÏ GHÉ

CHAN LAI KIE PHOU YIN

Paroles de bienvenue.
Jonction de mains de Vajra.

Voir le sceau n° 123.

DJOU KÉTSOU DAÏ KAÏ

TCHHONG KIE TA KIAI

Double construction du Grand Monde.

Lorsque toutes les divinités occupent leurs places, l'officiant prend une nouvelle mesure pour les protéger en édifiant le mur dit de Triple Vajra. Il en fait la mudrâ en réunissant ses mains par les annulaires et les auriculaires croisés, tandis qu'il dresse les médius et applique les index sur leur face dorsale ; les pouces se dressent parallèlement aux médius. Ce geste — qui est le sceau des Trois grands Vajras — accompli, il le fait tourner trois fois.

360

ZOU KÔ

THOU HIANG

Oindre de parfums.

Voir le sceau n° 137.

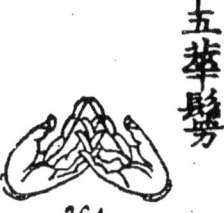

361

KÉ MAN

HOA MAN

Guirlande de fleurs.

Voir le sceau n° 138.

362

CHÔ KÔ

CHAO HIANG

Brûler des parfums.

Voir le sceau n° 139.

363

BON DJIKI

FAN CHI

Riz cuit.

Voir le sceau n° 140.

TÔ MIO

TENG MING

Lumière.

Voir le sceau n° 141.

364

FOU KOUYÔ

PHOU KONG YANG PHOU YIN

Offrande générale.

Voir le sceau n° 142.

365

SAN

TSAN

Louanges.

Voir le sceau n° 143.

366

SI TCHI SAN

SEU TCHI TSAN PHOU

Éloge des Quatre Intelligences.

Voir le sceau n° 144.

367

NIOU SAMMADJI

JOU SAN MO TI

Entrer en Samâdhi.

Voir le sceau n° 150.

368

KON PON IN
KEN PEN YIN
Mudrâ de la Racine fondamentale.

369

Le sens et l'intention sont les mêmes que pour le sceau n° 146 ; seulement, le Dieu principal du rite de Taïdzô-kaï étant Daï Niti Niorai, on fait le geste du Go-kô ou Vajra à cinq dards, tandis qu'ici, le Dieu principal étant Foudô Mio-hô, on fait le geste du Sabre, figuré par les index dressés au-dessus des mains jointes. Ce sabre de Foudô Mio-hô tranche et détruit les erreurs du Dan-ken (théorie de l'anéantissement) et du Djô-ken (théorie de la permanence) et ramène les êtres vivants dans la « Voie moyenne de l'égalité ».

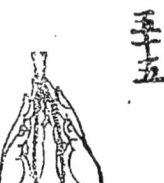

370

KADJI SHOU
KIA TCHITCHOU
Purification du chapelet.

Voir le sceau n° 147.

HÔ DJOU MAN
PHONG TCHOU MAN
Offrande de la guirlande de perles.

Voir le sceau n° 269.

371

CHÓ NEN-DJOU

TCHENG NIEN SONG

Vrai Nen-djou.

Voir les sceaux n°s 148 et 270.

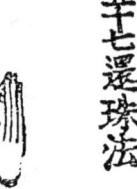

GUEN SHOU HÔ

HOAN TCHOU FA

Règle pour reposer le Chapelet.

Voir le sceau n° 149.

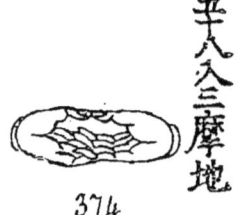

NIOU SAMMADJI

JOU SAN MO TI

Entrée en Samâdhi.

Voir le sceau n° 150.

KON PON IN

KEN PEN YIN

Mudrâ de la Racine fondamentale.

Voir le sceau n° 146.

BOU MÔ ÏN MIO

POU MOU YIN

Mudrâ de la Mère des classes.

Voir le sceau n° 152.

ZOU-KÔ

THOU HIANG

Oindre de parfums.

Voir le sceau n° 137.

KÉ MAN

HOA MAN

Guirlande de fleurs.

Voir le sceau n° 138.

CHÔ KÔ

CHAO HIANG

Brûler des parfums.

Voir le sceau n° 139.

BON DJIKI

FAN TCHI

Riz cuit.

Voir le sceau n° 140.

TO MIÔ

TENG MING

Lumière.

Voir le sceau n° 141.

FOU KOUYÔ

PHOU KONG YANG PHOU YIN

Offrande générale.

Voir le sceau n° 142.

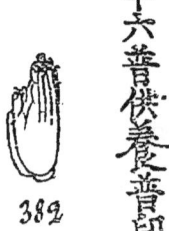

SAN

TSAN

Louanges.

Voir le sceau n° 143.

SI TCHI SAN

SEU TCHI TSAN PHOU YIN

Éloge des Quatre Intelligences.

Voir le sceau n° 144.

AKKA

'O KIA

Eau.

Voir le sceau n° 136.

SHÏN RÉI

TCHEN LING

Sonner le grelot.

Voir le sceau n° 111.

YÉKÔ HÔBEN

HOEI HIANG FANG PIEN

Moyen de faire tourner.

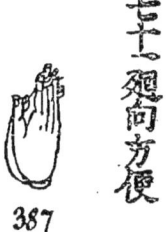

Voir le sceau n° 153.

GHÉ KAÏ

KIAI KIAI

Destruction de l'enceinte.

La cérémonie de la réception terminée et les Bouddhas étant sur le point de se retirer, il faut rompre l'enceinte de Murs enflammés créée par la mudrâ 355. Dans cette intention, l'officiant reforme le même sceau, mais en le portant vers sa gauche, et prononce une dhâranî par la vertu de laquelle le feu s'éteint.

BOU DZÔ

FONG SONG

Reconduire respectueusement.

L'intention est la même que celle qui préside à la mudrâ 159 ; mais ici on emploie de nouveau le sceau 348 et, en lançant ses pouces à l'extérieur, l'officiant fait remonter les Bouddhas, les Bodhisattvas et les autres divinités dans les chars qui les ont amenés.

GHÉI SHÔ CHÔ SHOU

YING TSHING CHENG TCHONG

Départ des Bouddhas.

L'officiant reforme ici les mudrâs 349 et 350 et dégage ses pouces, geste qui fait partir les Bouddhas et les divinités pour leurs Paradis respectifs.

INDEX

I

INDEX DES SCEAUX

DU

SI-DO-IN-DZOU

十四䮕著

Mise en fuite des démons. — T. 14. K. 172. Dj. 329; pp. 15, 93, 151.

百罕燈明

Offrande de lumières. — T. 141. Dj. 364, 381; pp. 78, 161, 164.

Poing de Vajra. — T. 68; p. 40.

Poing de Vajra. (Ce sceau diffère légèrement du n° 68). — T. **69**; p. 41.

Poing de Vajra. — Purification des ornements sacerdotaux. — Dj. **317**; p. 148.

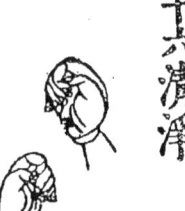

Poings de Vajra. — Purification. — T. **16**. K. **174**. Dj. **331**; pp. 16, 93, 152.

Ma-ta? — Poings de Vajra. — K. **188**; p. 97.

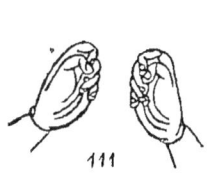

Grelot ou sonnette. — T. **111**. Dj. **346**, **386**; pp. 66, 156, 165.

INDEX DES SCEAUX 171

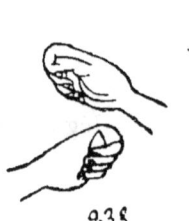

Manifestation du Samaya de Vajra-Sattva. — K. **238**; p. 118.

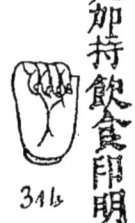

Distribution aux Prétas des restes de l'offrande de riz. — K. **314**; p. 145.

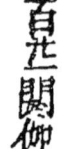

Offrande d'eau. — T. **121, 136.** K. **253, 285.** Dj. **356, 385**; pp. 70, 76, 122, 131, 159, 165.

Poings de Colère. — Samaya de Trélokya-vijàya. — K. **195, 196**; pp. 100, 101.

Poings de Colère. — K. **197**; p. 101.

Poings de Colère. — K. **198, 199, 287**; pp. 101, 132.

Mudrâ de la chaîne. — T. **117**; p. 68.

Offrande de musique et de lumière. — K. **256, 262, 275, 281**; pp. 123, 125, 129, 131.

Croisement de doigts de Vajra. — Manifestation de l'Intelligence de Vajra-Sattva. K. **189, 231**; pp. 98, 115.

Mudrâ de la Pleine Lune. — T. **18**. K. **184**. Dj. **333**; pp. 17, 96, 152.

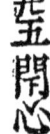

Mudrâ du Disque de la Lune de l'esprit. — K. **192**; p. 99.

Mudrâ du Disque lunaire de l'esprit. — K. **191**; p. 98.

Samaya de Vajra-Sattva. — K. **202, 203**; pp. 103, 104.

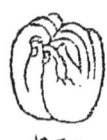

Sceau de la réception des Bodhisattvas. — Dj. **350**; p. 157.

Mudrâ de Congédiement des Divinités. — Dj. **390**; p. 167.

Mudrâ de la Réception des Bouddhas. — Dj. **349**; p. 157.

Mudrâ de la Réception des Dieux. — Dj. **351**; p. 157.

Mudrâ du mont Mérou. — K. **240**; p. 118.

Mudrâ de la Réception des Bouddhas. — T. **113**; p. 67.

Mudrâ de la Réception des Bodhisattvas. — T. **114**; p. 67.

INDEX DES SCEAUX

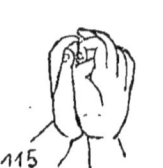

Mudrâ de la Réception des Dévas. — T. **115**; p. 67.

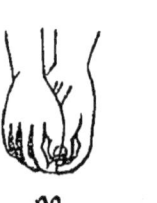

Mudrâ du Grand Océan. — T. **92**. K. **239**; pp. 57, 118.

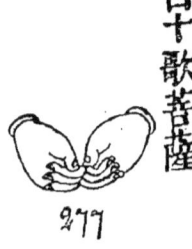

Mudrâ de Chant. — K. **277**; p. 130.

Mudrâ de Prière instante. — T. **29, 112**. G. **310, 311**; pp. 23, 67, 142, 143.

Mudrâ de la Corde de la grande compassion du Tathâgata. — T. **74**; p. 45.

Mudrâ de la Corde. — T. **116, 132**; pp. 68, 74.

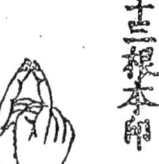

Mudrâ du Sabre. — Dj. **369, 375**; pp. 162, 163.

Mudrâ de l'Esprit ou de l'Intelligence de Bouddha. — T. **75**; p. 45.

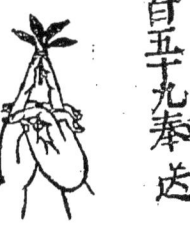

Mudrâ de Congédiement respectueux. — T. **159**. K. **288**; pp. 87, 132.

Mudrâ de la feuille de Lotus. — Sceau d'Amitâbha. — K. **217, 222, 227, 292, 297**; pp. 111, 112, 113, 133, 134.

INDEX DES SCEAUX

Mudrâ du Nombril de Bouddha, ou de la Mer de Vie. — T. **76**; p. 46.

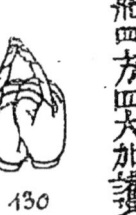

Mudrâ du Daṇḍa (bâton). — T. **130**; p. 73.

Mudrâ des Reins de Bouddha. — T. **77**; p. 46.

Sceau du Samaya de Lotus. — Mudrâ d'Amitâbha. — K. **200, 207**; pp. 102, 105.

Mudrâ de la Roue de la Loi. — K. **201**; p. 102.

Mudrâ de Lumière. — K. **236, 251**; pp. 117, 122.

236

Mudrâ de Lumière. — K. **234, 249**; pp. 116, 122.

234

Mudrâ de Lumière. — K. **235, 250**; pp. 117, 122.

235

Mudrâ de l'Offrande de sa propre personne. — Sceau du Samaya de Bodhi. — Mudrâ d'Akšobhya. — T. **25**. K. **193, 215, 220, 225, 232, 264, 283, 290, 295**; pp. 21, 99, 110, 112, 113, 115, 126, 131, 133, 134.

25

Mudrâ de la Manifestation du Samaya de Vajra-Sattva. — K. **237**; p. 117.

237

INDEX DES SCEAUX

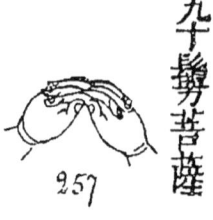

Mudrâ de l'Offrande de Fleurs et de Parfums. — K. **257, 263, 276, 282**; pp. 123, 126, 130, 131.

Mudrâ de la Prise de possession du sol. — T. **39**; p. 27.

Mudrâ des Grandes Flèches. — Sceau des Douze parties du corps. — Mudrâ du Trésor de la Roue. — Mudrâ du Karma. — T. **48, 94**; pp. 31, 58.

Mudrâ du Triple Vajra. — Sceau du Filet de Vajra. — Dj. **354**; p. 158.

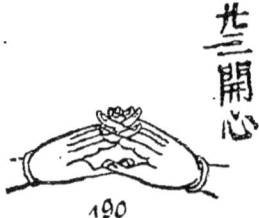

Mudrâ de l'Illumination des Dix Quartiers du Monde. — K. **190**; p. 98.

九五地結

Mudrâ du Triple Vajra. — Dj. 341; p. 154.

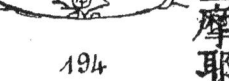

九七極喜三摩耶

Mudrâ du Samaya d'extrême joie. — Sceau d'Amoghasiddha. — K. **194, 218, 223, 293, 298**; pp. 100, 111, 112, 133, 134.

九六金剛墻

Mudrâ du Triple Vajra. — Murs de Vajra. Dj. **342**; p. 155.

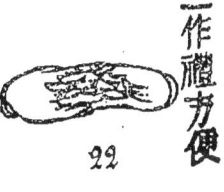

九二作禮方便

Mudrâ du Triple Vajra et du Trident. — T. **22, 41**. K. **181**. Dj. **321, 339**; pp. 19, 27, 95, 150, 154.

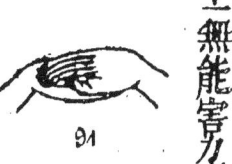

九一無能害力明妃

Mudrâ d'Invulnérabilité. — Sceau du Tripitaka. — T. **91**; p. 56.

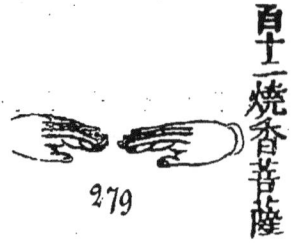

Mudrâ de l'Offrande de parfums. — K. 279; p. 130.

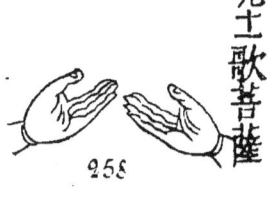

Mudrâ de Chant. — K. 258; p. 124.

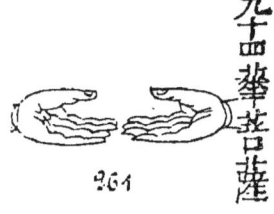

Mudrâ de l'Offrande de fleurs aux Bodhisattvas. — K. 261, 280; pp. 125, 130.

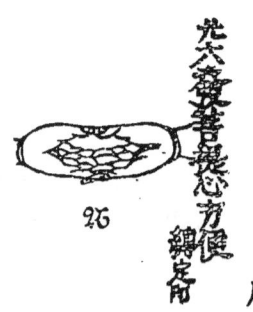

Mudrâ de la Méditation. — T. 26. K. 208, 209; pp. 21, 106.

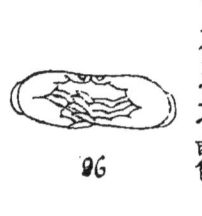

Mudrâ de la Méditation, ou de Samâdhi. — T. 96, 101, 145, 150. K. 241, 272. Dj. 343, 368, 374; pp. 59, 62, 80, 83, 119, 129, 155, 161, 163.

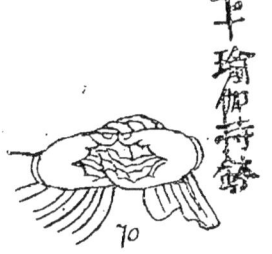
Mudrâ du Vase de Yoga ou du Pātra. — T. **70**; p. 41.

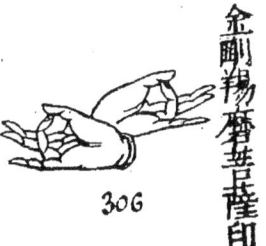
Mudrâ de Vajra-Karma. — G. **306**; p. 140.

Mudrâ de l'Armure. T. **7**. — K. **229**; pp. 11, 114.

Mudrâ de l'Armure. — T. **7, 35, 127, 164**. K. **301**; pp. 11, 25, 72, 88, 135.

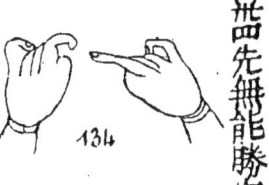
Mudrâ du Poing de Vajra et du Poing de colère. — T. **134**; p. 75.

INDEX DES SCEAUX

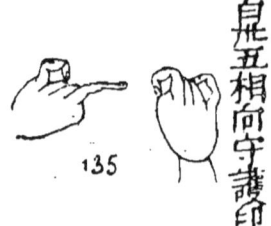

Mudrâ du Poing de Colère et du Poing de Vajra. — T. **135**; p. 76.

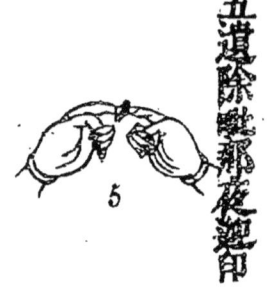

Mudrâ des Poings de Vajra. — T. **10**; p. 10.

Mudrâ de la Méditation sur la grande Assemblée des Bouddhas. — K. **246**; p. 121.

Mudrâ de Trailokyavijâya. — Lumière magique. — K. **233, 248**; pp. 116, 121.

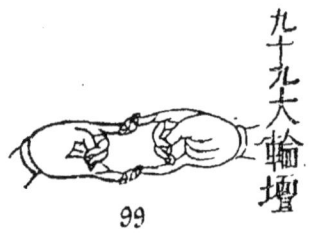

Mudrâ de la Roue de Vajra. — T. **99**. K. **242**; pp. 61, 119.

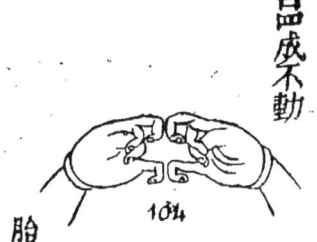

Poings de colère. — Mudrâ de Foudô Mio-hô. — T. **104**; p. 64.

Poings de Vajra. — Mudrâ de l'Ouverture des portes du Caitya. — K. **244**; p. 120.

Mudrâ de Ra, ou du Feu. — T. **105**; p. 65.

Mudrâ du Réveil des Divinités. — T. **21**. K. **179**. Dj. **335**; pp. 18, 95, 153.

Mudrâ Du Feu. — De la Production de la Flamme. — De Ra. — De la Roue du Feu. — T. **3, 32, 36, 45, 51, 54, 57, 61, 161, 166**; pp. 8, 24, 25, 28, 30, 33, 34, 36, 37, 88, 89.

INDEX DES SCEAUX

九淨地人命

Mudrâ du Feu ou de Ra. — K. **176**; p. 94

四十九普供養會印

Jonction de mains de Vajra (dessin mal exécuté). — Dj. **365**; p. 161.

八到佛金剛懺悔偈

Mudrâ de la Jonction de mains de Vajra. — Sceau commun. — Sceau universel, — T. 8, 24, 27, 28, 30, 49, 53, 97, 123, 142, 143, 144, 153, 154, 155, 158, 165. K. 178, 180, 183, 186, 187, 247, 260, 266, 271, 286, 303. Dj. 344, 358, 365, 366, 367, 382, 383, 384, 387; pp. 12, 20, 22, 23, 24, 31, 34, 59, 71, 79, 85, 86, 87, 89, 94, 95, 96, 97, 121, 125, 127, 129, 132, 136, 155, 159, 161, 165, 166.

七懺悔偈亦員印

Jonction de mains de Vajra. — Mudrâ de Confession. Dj. **323**; p. 150.

Mudrâ de la Jonction de mains de Vajra. — T. 20 ; p. 18.

Mudrâ de la Jonction de mains de Vajra (?) — T. 149. Dj. 373 ; pp. 83, 163.

Mudrâ de Purification. — Jonction de mains du bouton de Lotus. — T. 9. G. 77. Dj. 318, 324 ; pp. 13, 94, 148, 150.

Mudrâ de la Langue de Bouddha. — T. 81 ; p. 48.

Mudrâ du Samaya de Bouddha. — T. 2, 31, 60, 120, 157, 160. G. 312 ; pp. 8, 24, 36, 69, 87, 88, 143.

INDEX DES SCEAUX

Mudrâ des Dix Forces de Bouddha. — T. 85; p. 50.

Mudrâ du Vajra de Bouton de Lotus. — K. 212; p. 108.

Mudrâ de la Jonction de mains du Bouton de Lotus. — T. 37; p. 25.

Mudrâ de la Dent de Bouddha. — T. 83; p. 49.

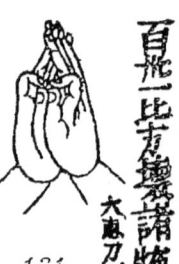

Mudrâ du Sabre de Grande Intelligence. — T. 131; p. 74.

Mudrâ de la Manifestation du Dharma-Kâya, et de la Destruction de l'Erreur et de l'Ignorance. — T. **78, 129, 156**; pp. 47, 73, 86.

Mudrâ de la Parole véridique des Bouddhas. — T. **82**; p. 49.

Grand Sceau de la Conversion des Êtres. — T. **87**; p. 54.

Offrande générale. — K. **265, 284**; p. 127, 113.

Jonction de mains de Vajra (*les mains sont représentées de face au lieu de l'être de profil*). — Dj. **336**; p. 153.

INDEX DES SCEAUX

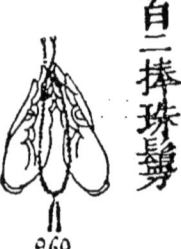

Offrande la Guirlande de perles. — K. 269 ; Dj. 371 ; pp. 128, 162.

Sceau du Bol ou de la Coupe. — Offrande de fleurs. — Offrande de riz. — T. 40, 140. Dj. 363, 380 ; pp. 27, 78, 160, 164.

Sceau de la Coupe. — Mudrâ de l'Invitation des Astres. — G. 308 ; p. 141.

Jonction de mains de l'Esprit. — Samaya du Groupe de Bouddha. — Dj. 319, 337 ; pp. 148, 153.

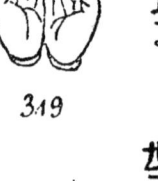

Sabre de Grande Intelligence. — Roue de l'Ether ou du Vide. — Vertu d'Intelligence. — T. 23, 47, 63. K. 206 ; pp. 20, 30, 37, 105.

Pensée de Tathâgata. — T. 86 ; p. 53.

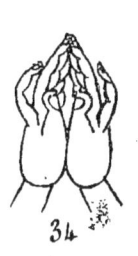

Mudrâ de l'Armure. — T. 34, 80. K. 228, 300 ; pp. 25, 48, 114, 135.

Éloquence de Tathâgata. — Prédication de la Loi. — T. 84 ; p. 49.

Pierre précieuse Mani. — Mère des classes. — Sceau des cinq Yeux. — T. 88, 152. K. 274. Dj. 376 ; pp. 54, 84, 129, 163.

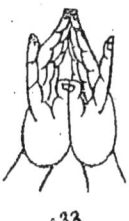

Mudrâ du Daṇḍa. — T. 133 : p. 75.

INDEX DES SCEAUX

Pierre précieuse Mani. — Offrande universelle. — T. 98. Dj. 345 ; pp. 60, 155.

Sceau du Stûpa. — Mudrâ de Maitréya. — T. 89 ; p. 55.

Mudrâ de la Conque. — Vertu de Prédication — T. 64 ; p. 38.

Destruction des Crimes. — K. 205 ; p. 105.

Appel des Crimes. — K. 204 ; p. 104.

罥无南佛

Mudrâ du Trésor. — Pierre précieuse Mani. — Sceau de Ratna-Sambhava. — K. **216, 221, 226, 291, 296, 299**; pp. 110, 112, 113, 133, 134, 135.

罥天觀身為本尊

Mudrâ de l'Épée de Vairocana. — Vertus des Cinq Dhyâni-Bouddhas. — Intelligence suprême. — Offrande d'une guirlande de fleurs. — K. **213, 214, 219, 224, 268, 273, 289, 294**; pp. 108, 109, 111, 113, 128, 129, 132, 133.

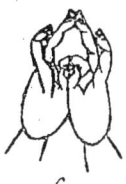

六被甲

Mudrâ de l'Armure. — T. **6, 126, 163**. Dj. **322, 340**; pp. 11, 72, 88, 150, 154.

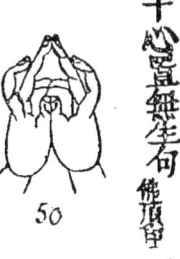

五十心置無生句 佛頂尊

Front de Bouddha. — Mudrâ du Nirvâna. — T. **50, 67, 90, 167**; pp. 32, 40, 56, 89.

七十八啓白印 外縛三印

Sceau de la prière. — Mudrâ du Triple Vajra. — K. **245**; p. 120.

INDEX DES SCEAUX

Roue de la Terre. — Grande Intelligence de Vajra. — Sceau du Quintuple Vajra. — Mudrâ de Vairocana. — T. **43**, 59, 66, 93, **100**, **102**, **125**, **146**, **151**; pp. 28, 36, 39, 58, 61, 62, 72, 81, 84.

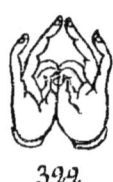

Mudrâ de l'Armure. (Ce geste est le même que celui du sceau n° 6.) — Dj. 322, **340**; pp. 150, 154.

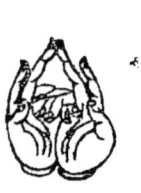

Mudrâ du Triple Vajra. — Dj. **359**; p. 159.

Lumière éternelle. — T. **79**; p. 47.

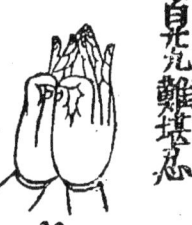
129

Mudrâ d'Impatience. (Ce sceau est le même que le n° 37, quoique le dessin diffère par la position des index). — T. **129**; p. 73.

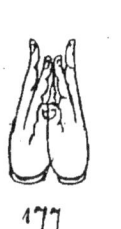
177

Mudrâ du Bouton de Lotus. — (Même sceau que le n° 97; ici le dessin est mal fait). — G. **77**. Dj. **324**; pp. 94, 150.

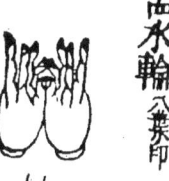
44

Roue de l'Eau. — Mudrâ du Lotus. — T. **44**, **58**, **65**, **95**, **122**. K. **254**. Dj. **320**, **338**, **357**; pp. 29, 36, 39, 58, 71, 123, 149, 154, 159.

4

Roue de la Loi. — Roue de l'air. — T. **4**, **33**, **46**, **56**, **62**, **162**; pp. 9, 24, 30, 35, 37, 88.

148

Mudrâ de Prédication. — T. **148**. K. **270**. Dj. **372**; pp. 82, 128, 163.

INDEX DES SCEAUX

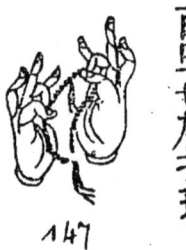

Purification du Chapelet. — T. **147**. Dj. **370** ; pp. 82, 162.

Offrande de parfums. — T. **139**. Dj. **362**, **379** ; pp. 77, 160, 164.

Guirlande de fleurs. — T. **138**. Dj. **361**, **378** ; pp. 77, 160, 164.

Envoi de chars. — Dj. **347** ; p. 156.

Réception et Congédiement des Boudhas. — Dj. **348**, **389** ; p. 156, 166.

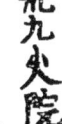

Mudrâ du Corps du Feu. — Dj. **355**, **388**; pp. 158, 166.

Mudrâ du Triple Vajra. — Dj. **352**; p. 157.

Danse du Vajra. — K. **182**; p. 96.

Mudrâ de la Danse. — K. **259**, **278**; pp. 124, 130.

Mudrâ du Trident. — T. **15**. K. **173**. Dj. **330**; pp. 15, 93, 152.

INDEX DES SCEAUX

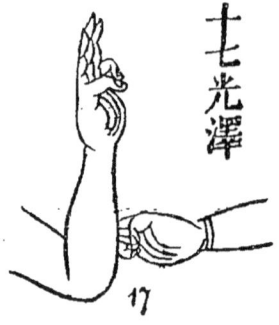

Mudrâ du Trident. — T. **17**. K. **175**. Dj. **332**; pp. **16**, 94, 152.

Mudrâ du Sabre de Fou-dô. — T. **109**; p. 66.

Mudrâ du Sabre. — T. **106**, **108**, **110**, **119**, **124**; pp. 65, 66, 69, 71.

Mudrâ du Sabre. — T. **107**; p. 65.

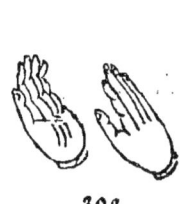 十二拍掌 Éveil des êtres. — Dj. **328** ; p. 151.

 六十二金剛拍 Éveil des êtres. — K. **230, 252, 302** ; pp. 114, 122, 135.

 十三拍掌 Éveil des êtres. — T. **13.** K. **171** ; pp. 14, 93.

 七示三昧耶 Mudrâ du Triple Vajra. — Dj. **353** ; p. 158.

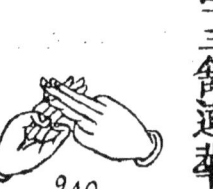 四十三合蓮華 Mudrâ du Triple Vajra. — K. **210** ; p. 107.

INDEX DES SCEAUX

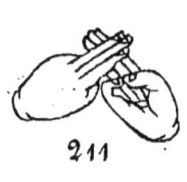
三昧澄金剛蓮華 Mudrâ du Triple Vajra. — K. **211** ; p. 108.

百光七塗香 Onction de parfums. — T. **137**. G. **307**. Dj. **377** ; pp. 77, 140, 160, 164.

百八鈴印 Grelot ou Sonnette. — T. **118**. K. **255** ; pp. 68, 123.

百八摧伏諸魔印 Victoire sur les démons. — T. **128** ; p. 73.

七十三悲生眼 Yeux de Pitié. — Yeux de Bouddha. — T. **73** ; p. 44.

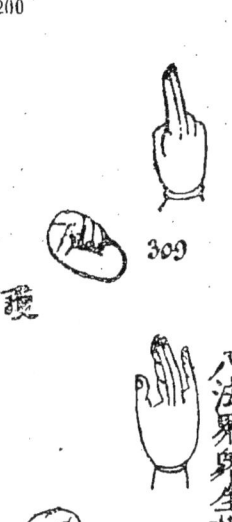

Invitation des constellations. — G. **309**; p. 142.

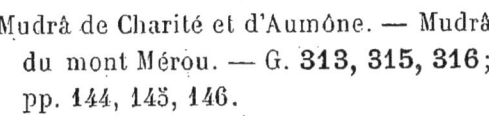

Mudrâ de Charité et d'Aumône. — Mudrâ du mont Mérou. — G. **313, 315, 316**; pp. 144, 145, 146.

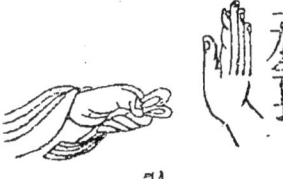

Charité d'Intrépidité. — T. **71**; p. 42.

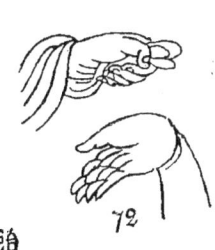

Mudrâ de Charité (Satisfaction des désirs des êtres). — T. 72; p. 44.

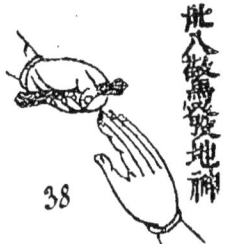

Eveil des divinités terrestres et purification du sol. — T. **38**; p. 26.

Purification et Consécration de l'eau et des offrandes. — T. **10**, **12**. K. **168**. Dj. **327**; pp. 13, 14, 92, 151.

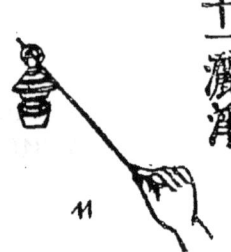

Purification par aspersion. — T. **11**. K. **169**. Dj. **326**; pp. 14, 92, 151.

Offrande. — T. **19**. K. **185**. Dj. **334**; pp. 17, 96, 153.

Préparation du chemin. — T. **103**; p. 63.

II

INDEX DES NOMS PROPRES ET TERMES JAPONAIS

Aïzen Mio-hô, pp. 100, 101.
Akka, pp. 70, 76, 122, 131, 159, 163.
Amida et Amida Nioraï, pp. 102, 103, 111, 121.
Anafoutô, p. 2.
Anriou, p. 33.
Anriou moukou ghen, p. 33.
Ashikou, Ashikou Nioraï, pp. 110, 121.
Ashoura-hô, p. 144.

Bakou djô ïn, p. 106.
Ban, pp. 116, 117, 122, 146.
Bi, p. 142.
Biakou-yô-gou, p. 141.
Binayakia, p. 10.
Binayakia-yama, p. 10.
Bio dô chô tchi, pp. 63, 79.
Biroushana, p. 91.
Bishamon Ten, p. 144.
Bô, p. 142.
Bodaï, pp. 3, 21, 105, 107.

Bô-gué-gou, p. 141.
Bon djiki, pp. 78, 160, 164.
Bon djiki ïn, pp. 126, 131.
Bonnô, p. 143.
Bon Ten, p. 144.
Bosatsou, pp. 21, 55, 85, 121, 123, 124, 125, 126, 129, 130, 131.
Bou Bosatsou, pp. 124, 130.
Bou djô hôben, p. 23.
Bou dzô, pp. 87, 132, 166.
Bou mô ïn, p. 84.
Bou mô ïn mio, pp. 129, 163.
Boutsou, pp. 24, 36, 87, 88, 94, 110, 111, 112, 113, 114, 121, 133, 134.
Boutsou bou sammaya, pp. 147, 148, 153.
Boutsou sïn yem-man, p. 106.
Boutsou tchô, p. 5.

Ché kiaï, p. 86.
Chikou, p. 142.

Chikou tchô chô ïn, p. 142.
Chô, p. 82.
Chô Boutsou fou ni, p. 8.
Chô djô, pp. 14, 16, 92, 93, 152.
Chô djô hossou, p. 50.
Chô dzaï, p. 104.
Chô ko, pp. 77, 160, 164.
Chô kô Bosatsou, pp. 125, 130.
Chô kongô renghé, p. 108.
Chô kongô shïn, p. 106.
Chô mon, p. 85.
Chô nen djou, pp. 82, 128, 147, 163.
Chô Nioraï kadji, p. 132.
Chô Nioraï shou yé djou-rokou dai Bosatsou, p. 121.
Chô raï, pp. 18, 97.
Chô shitsou-dji, p. 97.
Chosson tchô shô no ïn, p. 143.
Chôtchi, p. 98.
Chou-ri, p. 18.

Daï, p. 61.
Daï Biroushana djoun ben kadji kiô, p. 91.
Daï kaï, pp. 57, 118.
Daï Niti, Daï Niti Nioraï, pp. 10, 62, 63, 79, 80, 81, 82, 83, 84, 99, 100, 101, 102, 103, 108, 109, 111, 113, 128, 133, 148, 162.
Daï Niti kiô, p. 137.
Daï rakou, p. 104.
Daï rïn dan, p. 61.
Daï yén kiô tchi, pp. 63, 79
Daï yé tô, pp. 20, 40.
Daï yé tô no ïn, p. 37.
Daï yokou, pp. 103, 104.
Dan, p. 126.

Dan dji ki, p. 126.
Dan ken, p. 162.
Djakou, p. 116.
Dji, p. 117.
Dji dji ïn, p. 95.
Dji kakou, p. 21.
Dji kétsou, pp. 147, 154.
Dji rïn, pp. 28, 36.
Dji rô, p. 63.
Dji sammaya, pp. 69, 87, 117, 158.
Dji shi Bosatsou, p. 55.
Dji shïn dji, p. 27.
Dji ten, p. 144.
Dji ti ïn, p. 27.
Djô, pp. 62, 83, 97, 107.
Djô Bodaï, p. 105.
Djô chô Ko gô, p. 71.
Djô chô sa tchi, pp. 63, 79.
Djô dji, p. 94.
Djô dji go shïn, p. 72.
Djô djou ma, p. 147.
Djô djou ma kôkou ïn, p. 157.
Djô Foudô, p. 64.
Djô gô chô, p. 105.
Djô ken, p. 162.
Djô kongô, p. 107.
Djô kongô shïn, p. 106.
Djô renghé, p. 107.
Djô san gô, pp. 13, 96, 148, 150.
Djou, p. 82.
Djou-hatchi dô, pp. 1, 2, 12, 147.
Djou kétsou daï kaï, p. 159.
Djou ni koudji shïn, p. 58.
Djou ni koushi dji shïn ïn, p. 31.
Djou sa san mitsou dji, p. 89.
Dô djô, p. 59.

INDEX DES TERMES JAPONAIS

Dô djô kouan, pp. 59, 119, 147, 155.
Do kô, pp. 13, 17, 18, 26, 27.
Dô sen, p. 4.
Dô yô-chô, p. 141.

Fou, p. 99.
Foudô ken, p. 64.
Foudô Mio-hô, pp. 64, 65, 69, 71, 142, 143, 162.
Fouguen, p. 54.
Fouguen Bosatsou niô ishou, p. 54.
Fouguen sammaya, pp. 99, 126.
Fou ken tchô sô, p. 40.
Fou kô, p. 47.
Foukou-djô-djou, Foukou-djô-djou Nioraï, pp. 111, 121.
Fou kouyô, pp. 79, 127, 131, 161, 165.
Fou rïn, pp. 30, 35.
Fou shi ghi, p. 86.
Fou Ten, p. 144.
Fou tsou kou-yô, pp. 60, 155.

Gakis, p. 144.
Gatchi yô-chô, p. 141.
Ga Ten, p. 144.
Ghé bakou go kô, p. 29.
Ghé chô, p. 147.
Ghé Goma, p. 138.
Ghé gô rïn kouan, p. 34.
Ghé ïn, p. 75.
Ghéi shô chô shou, pp. 157, 167.
Ghé kaï, pp. 132, 166.
Ghen, p. 115.
Ghen tchi shïn, p. 115.
Gniô kakou (voir Kiô-gakou).
Gô, p. 142.

Go kô, pp. 61, 66, 72, 118, 140, 162.
Go kô ïn, p. 62.
Gokou ki sammaya, 100.
Goma, pp. 2, 137, 138, 139, 140, 141, 142, 143, 144, 145, 146.
Gô-mitsou-gou, p. 141.
Gô Nioraï kadji, p. 109.
Gon roui, p. 10.
Go-san-zé Mio-hô, pp. 100, 101, 116, 117, 132.
Gô sô, p. 41.
Gô sô djô shïn, p. 106.
Goussokou, p. 28.
Guen, p. 99.
Guen shou, p. 83.
Guen shou hô, p. 129, 163.

Hakou chô, pp. 14, 93, 151.
Han-gnia, p. 97.
Hatchi, p. 41.
Ha tchiou, p. 25.
Héi shïn, p. 99.
Héki, p. 142.
Hi, p. 56.
Hiakou dji san, 128.
Hiakou kô hô, p. 31.
Hi chô, p. 44.
Hi chô ghen, p. 44.
Hi kô, pp. 11, 72, 88, 150.
Hiô hakou, p. 17.
Hiô-riô-gou, 141.
Hitsou, p. 142.
Hô-biô-gou, p. 141.
Hôchô, Hôchô-Nioraï, pp. 110, 121, 135.
Hô djou, p. 110.
Hô djou man, pp. 128, 162.
Hô ïn, p. 135.

Hokaï chô, pp. 8, 9, 24, 28, 35, 42, 88.
Hokaï shou djô Goma, p. 144.
Hokaï taï chô tchi, p. 63.
Hokou Boutsou, pp. 111, 112, 114, 133, 134.
Hon dzon, pp. 108, 142, 148.
Hon dzon bou djô no ïn, p. 142.
Hoppô yié chô fou, p. 74.
Hora, p. 38.
Hora no ïn, p. 38.
Hô rïn, p. 102.
Hotsou Bodaï shïn hôben, p. 21.
Hotsou gan, pp. 86, 132.

I, p. 142.
In, pp. 1, 5.
Ishana Ten, p. 144.
Issaï hô bio dô kaï gô, p. 54.
Itchi dji soui rïn kouan, p. 140.

Ka, p. 140.
Ka Bosatsou, pp. 124, 130.
Kada, p. 79.
Kadji, pp. 13, 16, 48, 61, 109, 112, 132, 134, 137.
Kadji bon djiki ïn miô, p. 145.
Kadji-i, pp. 7, 148.
Kadji kô soui, pp. 13, 14, 92, 151.
Kadji kôū, p. 86.
Kadji kou motsou, pp. 14, 15, 92, 151.
Kadji shou, pp. 82, 162.
Kaï, p. 91.
Kaï mon, p. 120.
Ka ïn, pp. 147, 158.
Kaï shïn, p. 98.
Kakou, p. 142.

Kan-tchô, p. 112.
Ka rïn, pp. 30, 36.
Karouma, pp. 51, 140.
Ka Ten, pp. 140, 143.
Ka Tens, p. 139.
Ka Ten tchô shô ïn, p. 140.
Kat-tchien-gou, p. 141.
Ka yen chô, pp. 8, 89.
Ka yô-chô, p. 141.
Ké, pp. 12, 150.
Ké Bosatsou, pp. 125, 130.
Ké daï, p. 58.
Kégon, pp. 4, 34.
Kégon kiô, 4.
Kéi, p. 142.
Kéi biakou, p. 96.
Kéi biakou ïn, p. 120.
Kéi djô, p. 119.
Keïto, p. 141.
Ké man, pp. 77, 160, 164.
Ken, p. 115.
Kendjô Binayakia, p. 10.
Kendjô djou ma, p. 69.
Kengniô, pp. 2, 3.
Ken tchi shïn, pp. 115, 117.
Késa, pp. 42, 43.
Ketsou gô shïn, pp. 147, 154.
Ketsou gô shïn sammaya, p. 150.
Ké za, pp. 71, 123, 159.
Ki, p. 142.
Ki Bosatsou, pp. 123, 129.
Ki chô, p. 39.
Kié, p. 142.
Ki-i hôben, p. 20.
Kimbéi, p. 44.
King yô-chô, p. 141.
Kiô, p. 142.
Kiô gakou, pp. 18, 95, 147, 153.
Kiô gakou dji shïn, p. 26.

INDEX DES TERMES JAPONAIS

Kiỏ hiỏ risendji, p. 33.
Kiou, p. 141.
Kỏ, pp. 29, 36, 39, 58, 142.
Kỏ kou, pp. 15, 93, 152.
Kokou, pp. 116, 117, 122.
Kongỏ, pp. 10, 16, 28, 39, 71, 92, 106, 107, 108, 143.
Kongỏ bakou, p. 98.
Kongỏ bakou ïn, p. 53.
Kongỏ bou sammaya, pp. 147, 150, 154.
Kongỏ chỏ, pp. 147, 155.
Kongỏ daï yé, p. 39.
Kongỏ dji daï ïn, p. 95.
Kongỏ gỏ chỏ, pp. 12, 89.
Kongỏ hakou, pp. 114, 135.
Kongỏ hakou chỏ, p. 122.
Kongỏ-kaï, pp. 2, 91, 102, 106, 115, 118, 128, 148.
Kongỏ-kaï shi-ki, p. 106.
Kongỏ-karouma Bosatsou ïn, p. 140.
Kongỏ mỏ, pp. 147, 158.
Kongỏ rïn, p. 119.
Kongos, pp. 102, 144.
Kongỏ-satt'a, pp. 72, 103, 115, 116, 117, 118, 129.
Kongỏ shi dji ké, p. 58.
Kongỏ tchỏ kiỏ, p. 91.
Kon pon ïn, pp. 81, 84, 128, 147, 162, 163.
Kon pon ïn miỏ, p. 129.
Kỏ takou, pp. 16, 94, 152.
Kouan Boutsou, p. 94.
Kouan Boutsou daï yé, p. 121.
Kouan chỏ hỏben, p. 23.
Kouan djỏ, p. 67.
Kouan mandara, p. 62.
Kouan-nen, pp. 3, 34.

Kouan-on, p. 10.
Kouah Ra, p. 94.
Kouan Ra dji, p. 25.
Kouan shïn i Hondzon, p. 103.
Kou-gou, p. 141.
Kou hỏben, p. 153.
Kou rïn, pp. 30, 35.
Kou-yỏ, pp. 17, 60.
Kou-yỏ-mon, p. 17.

Ma-Katsou-go, p. 141.
Man Bosatsou, pp. 123, 130.
Mandara, pp. 7, 59, 62, 63, 71, 91, 115, 118, 119, 120.
Man gan, p. 44.
Mashi ghé bakou, pp. 17, 96.
Ma ta, p. 97.
Mi bé renghé gachỏ, p. 13.
Mi fou renghé gachỏ, p. 26.
Mikiỏ, pp. 2, 3.
Mio, pp. 56, 116.
Miỏ, pp. 52, 129.
Mio-hỏ, pp. 38, 100, 102, 143, 149.
Mio kan sa tchi, pp. 63, 79.
Mio kỏ, pp. 118, 143.
Mio renghé hỏ, p. 58.
Miỏ zen fou hen, p. 54.
Mirokou, p. 55.
Mitani-dji, p. 6.
Mokou yỏ-chỏ, p. 141.
Mou chỏ, p. 32.
Mou chỏ mou métsou, p. 32.
Mou kouan-nïn, p. 25.
Mou nỏ chỏ djỏ, p. 56.
Mou nỏ chỏ shou gỏ, p. 75.
Mou nỏ gaï riki mio hi, p. 56.
Mou-rỏ, p. 52.

Naï gỏ rïn kouan, pp. 28-31.

Namppô mou kan-nïn fou gô, p. 75.
Nan Boutsou, pp. 110, 112, 113, 133, 134.
Nan kan-nïn, p. 73.
Nan-niô-gou, p. 141.
Nen, p. 34, 82.
Nen djou, pp. 82, 83, 128.
Nen man zokou kon ïn, p. 34.
Niô, p. 142.
Niô ishou, p. 55.
Nioraï, pp. 40, 45, 46, 85, 109, 121, 132, 133, 135, 143, 162.
Nioraï ben zetsou, p. 49.
Nioraï djou riki, p. 50.
Nioraï ga, p. 49.
Nioraï gétsou, p. 48.
Nioraï gô, p. 49.
Nioraï hatchiou, pp. 114, 135.
Nioraï hossô, p. 46.
Nioraï ké man, p. 113.
Nioraï kô, p. 48.
Nioraï koshi, p. 46.
Nioraï nen chô, p. 53.
Nioraï sakou, p. 45.
Nioraï shïn, p. 45.
Nioraï tchô, pp. 40, 89.
Nioraï tchô sô, p. 40.
Nioraï zô, p. 47.
Niou Boutsou sammaya, pp. 8, 24, 36, 88.
Niou Hondzon kouan, p. 80.
Niou sammadji, pp. 83, 129, 147, 148, 161, 163.
Niti Ten, p. 144.
Niti yô-chô, p. 141.

On ton, pp. 12, 25, 72, 88, 114, 135.

Ô rio ki, p. 42.
Oun, pp. 116, 122.

Ragô, p. 141.
Raï Boutsou, p. 87.
Ra-setsou Ten, p. 143.
Réi, pp. 118, 123, 156, 165.
Réi hô kon dzou kou, p. 153.
Réi ïn, p. 68.
Renghé, pp. 107, 108.
Renghé bou sammaya, pp. 147, 149, 154.
Renghé bou shou, p. 102.
Renghé go chô, p. 53.
Renghé sammaya, p. 102.
Renghé kongô shin, p. 106.
Ren renghé, p. 108.
Rïn, pp. 28, 119, 146.
Rïn bô, p. 58.
Rïn dan, p. 61.
Riou, p. 142.
Risendji, p. 33.
Rokou dan siki, pp. 139, 140.
Rou, p. 142.

Saï Boutsou, pp. 111, 112, 113, 133, 134.
Saï dzaï, p. 105.
Saï foukou chô ma ïn, p. 73.
Sa ïn, p. 68.
Saïppô nan gô boukou gocha, p. 74.
Sakou ïn, p. 68.
Sammadji, pp. 129, 147, 148, 161, 163.
Sammaya, pp. 69, 87, 88, 99, 100, 102, 117, 126, 148, 149, 150, 153, 154, 158.
San (n. p.), p. 142.

INDEX DES TERMES JAPONAIS

San, pp. 12, 79, 127, 161, 165.
Sandjô, pp. 14, 16.
Sanghé, p. 12.
Sanghé ké, p. 150.
San-kô, pp. 19, 28, 107, 108, 120, 155, 157.
San-kô chô, p. 19.
San-kô chô kongô no ïn, p. 28.
San mitsou, pp. 3, 89.
San riki ghé, pp. 59, 155.
Sanzé mou ghé riki mio hi, p. 56.
Saraï hôben, p. 19.
Satt'a, p. 115.
Sé, p. 143.
Séi, p. 142.
Sé-méi, pp. 145, 146.
Sé mou i, p. 42.
Sé shïn hôben, p. 21.
Sé Ten, p. 143.
Sé Ten tchô shô no ïn, p. 143.
Shikou, p. 52.
Shikou miô, p. 52.
Shïn, pp. 98, 107.
Shïn réi, pp. 66, 123, 156, 165.
Shïn tchi mou chô, p. 5.
Shïn tchi mou chô kou, p. 32.
Shiou-ki, p. 52.
Shitsou dji, p. 97.
Shitsou zaï hôben, p. 20.
Shô cha rô, pp. 147, 156.
Shô djô, p. 151.
Shou chiki kaï dô, p. 61.
Shou ma ki gan, p. 152.
Shoumi, pp. 118, 119, 146.
Shoumi-sen, p. 118.
Shoumi-sen hô ïn, p. 145.
Shoura, p. 144.
Si, p. 142.
Si dji mio, pp. 116, 117, 121.

Si dô, p. 1.
Si hô si daï kagô, p. 73.
Si ïn, p. 3.
Sïn, p. 142.
Sïn-gon, pp. 1, 2, 3, 6, 22.
Siô, p. 142.
Si raï, pp. 95, 136.
Si-si-gou, p. 141.
Si tchi san, pp. 79, 161, 165.
Sitsou, p. 142.
Sô cha rô, pp. 147, 156.
Sô-guiô-gou, p. 141.
Sôkô shou gô, p. 76.
Sô-niô-gou, p. 141.
Soui, p. 151.
Soui rïn, pp. 29, 36, 58, 146.
Soui Ten, p. 144.
Soui yô-chô, p. 141.

Taï Chakou Ten, p. 143.
Taï dzô, p. 92.
Taïdzô-kaï, pp. 2, 7, 59, 61, 81, 89, 90, 91, 92, 102, 114, 148, 153, 162.
Taïdzô-kaï shi ki, pp. 59, 61, 62, 79.
Ta kakou, pp. 21, 22.
Tan zi, pp. 15, 93, 151.
Tchô, p. 142.
Tchô-chô dji Ten, p. 27.
Téi, p. 142.
Tembou, p. 143.
Ten, pp. 38, 85, 102, 139, 140, 143, 149.
Ten-daï, p. 2.
Ten hô rïn, pp. 9, 24, 35, 37, 88.
Tô, p. 142.
Tô-bô mou i, p. 74.
Tô Bosatsou, pp. 125, 131.

14

Tô Boutsou, pp. 110, 112, 113, 133, 134.
Tô Boutsou zen sanghé ké, p. 12.
Tô-jun Daï shi, p. 4.
Tô mio, pp. 78, 161, 164.
Tsou datsou Bodaï shïn, pp. 106, 107.

Yékô hôben, pp. 24, 85, 166.
Yemmïa Ten, p. 143.
Yén gakou, p. 85.

Yô-chô, p. 141.
Yô-chô djô ïn, p. 141.
Yoga dji hatchi, p. 41
Yogan, p. 44.
Yô-kou, p. 142.

Zén ïn, p. 11.
Zen raï ghé, pp. 71, 159.
Zitsou-roui, p. 10.
Zoui ki hôben, p. 22.
Zou kô, pp. 77, 160, 164.
Zou kô Bosatsou, pp. 126, 131.

III

INDEX DES NOMS PROPRES

ET TERMES CHINOIS

'An tchen, pp. 72, 88.
'An tien, pp. 25, 114, 135.
An li oou keou yen, p. 33.
Chai tsing, pp. 14, 92, 151.
Chan lai kie, p. 71.
Chan lai kie phou yin, p. 159.
Chao hiang, pp. 77, 160, 164.
Chao hiang Phou-sa, pp. 125, 130.
Cheng si ti, p. 97.
Cheou mo khi yuen, p. 152.
Chi chen fang pien, 21.
Chi eul tchi kiu tseu chen yin, p. 31.
Chi oou oei, p. 42.
Chi-thien, p. 143.
Chi-thien tchao tshing yin, p. 143.
Choei loen, pp. 29, 36.
Chou lien hoa, p. 107.

Fa kiai cheng, pp. 8, 24, 37, 88.

Fa kiai tchong cheng hou mo, p. 144.
Fa loen, p. 102.
Fa lo yin, p. 38.
Fan chi, pp. 78, 160, 164.
Fan chi yin, pp. 126, 131.
Fa phou thi sin fang pien p. 21.
Fa yuen, pp. 86, 132.
Fo, pp. 24, 36, 87, 88, 94, 110, 111, 112, 113, 114, 121, 133, 134.
Fong loen, pp. 30, 35.
Fong song, pp. 87, 132, 166.
Fong tshing fang pien, p. 23.
Fo pou san mei yé, pp. 148, 153.
Fo ting yin, pp. 89, 106.

Hao siang yin, p. 41.
Hien tchi chen, p. 115.
Hi Phou-sa, pp. 123, 129.
Hoa man, pp. 77, 160, 164.
Hoan tchou fa, pp. 88, 129, 163.
Hoa Phou-sa, pp. 125, 130.

Hoa thaï, p. 58.
Hoa tso, pp. 71, 123.
Hoa tso pa ye yin, p. 159.
Hoei hiang fang pien, pp. 24, 85, 166.
Ho loen, pp. 30, 36.
Ho thien tchao tshing yin, p. 140.
Ho yin, p. 89.
Ho yuen, p. 158.

Jou Fo san-mei-ye, pp. 8, 24, 36, 88.
Jou-lai, pp. 40, 45, 121, 132.
Jou-lai che siang, p. 48.
Jou-lai chi li, p. 50.
Jou-lai hoa man, p. 113.
Jou-lai kia, p. 48.
Jou-lai kia tcheou, pp. 114, 135.
Jou-laï kia tchi, p. 109.
Jou-lai nian tchhou, p. 53.
Jou-lai pien choe, p. 49.
Jou-lai sin, p. 45.
Jou-lai so, p. 45.
Jou-lai ting, p. 40.
Jou-lai tshang, p. 47.
Jou-lai tshi, p. 46.
Jou-lai ya, p. 49.
Jou-lai yao, p. 46.
Jou-lai yu, p. 49.
Jou pen tsoen koan, p. 80.
Jou san-mei-ti, p. 129.
Jou san-mo-ti, pp. 83, 161, 163.

Ken pen yin, pp. 81, 84, 128. 162, 163.
Ken pen yin ming, p. 129.
Khai sin, p. 98.
Khia tchi kong oou, p. 14.
Khien tchou Pi-na-yé-kia, p. 10,

Khien tchhou Tsheng mo, p. 69.
Khi po, p. 96.
Khi po yin, p. 120.
Khi tshing, p. 119.
Khiu keou, pp. 15, 93, 152.
Khong loen, pp. 30, 35.
Kia hou, p. 73.
Kiai kiai, pp. 86, 132, 166.
Kia tcheou, p. 25.
Kia tchi fan chi yin ming, p. 145.
Kia tchi hiang choei, pp. 13, 92, 151.
Kia tchi kiu, p. 86.
Kia tchi kong oou, pp. 92, 151.
Kia tchi tchou, pp. 82, 162.
Kia tchi yi, pp. 7, 148.
Kie hou chen san-mei-yé, pp. 150, 154.
Kien tchi shen, p. 115.
Kieou fang pien, p. 153.
Ki hi san-mo-yé, p. 100.
King fa li chen, p. 26.
King kio, pp. 18, 95, 153.
Kin-kang, pp. 39, 108.
Kin-kang cheou tchi hoa, p. 58.
Kin-kang Fo, p. 98.
Kin-kang Kia-mo Phou-sa, p. 140.
Kin-kang loen, pp. 119, 155.
Kin-kang oang, p. 158.
Kin-kang pho, p. 114.
Kin-kang pho tchang, p. 122.
Kin-kang pou san-mei-yé, pp. 150, 154.
Kin-kang ta hoei, p. 39.
Kin-kang tchi ta, p. 95.
Kiong piao li jan tseu, p. 33.
Ki siang, p. 39.
Koan chen oei pen tsoen, p. 108.

INDEX DES TERMES CHINOIS

Koan Fo, p. 94.
Koan Fo hai hoei, p. 121.
Koan lo tseu, p. 25.
Koan oan kong lo, p. 62.
Koang tsé, pp. 16, 94, 152.
Koan tshing, p. 67.
Koan tshing fang pien, p. 23.
Koei yi fang pien, p. 20.
Kong yang oen, p. 17.
Ko Phou-sa, pp. 124, 130.

Lien hoa, pp. 58, 107, 108.
Lien lien hoa, p. 108.
Lien hoa pou san-mei-yé, pp. 149, 154.
Lien hoa san-mo-yé, p. 102.
Li Fo, p. 87.
Ling fa kieou tchou kiu, p. 153.
Ling yin, p. 68.
Loen, pp. 9, 24, 28, 29, 30, 34, 35, 36, 37, 88, 102, 119, 146.

Man Phou-sa, pp. 123, 130.
Man yuen yin, p. 44.
Miao lien hoa sang, p. 58.
Mo cheou oai fo, pp. 17, 96.
Mo tcha, p. 97.

Nan fang oou khan jen phou hou, p. 75.
Nan Fo, pp. 110, 112, 113, 133, 134.
Nan khan jen, p. 73.
Nei oou loen koan, p. 28.
Nien man tsou kiu yin, p. 34.

Oai oou loen koan, p. 34.
'O kia, pp. 70, 76, 122, 131, 159, 165.

Oou Jou-lai koan ling yin, p. 133.
Oou khan jen, p. 25.
Oou kou yin, p. 62.
Oou neng hai li ming fei, p. 56.
Oou Phou-sa, pp. 124, 130.
Oou siang tchheng chen, p. 106.

Pao yin, p. 135.
Pe fang hoai tchou pou, p. 74.
Pe Fo, pp. 111, 112, 114, 133, 134.
Pei cheng yen, p. 44.
Pei kia, pp. 11, 72, 88.
Pen tsoen fong tshing yin, p. 142.
Phong tchou man, pp. 128, 162.
Pho tchang, pp. 14, 93, 135, 151.
Phou koang, p. 47.
Phou kong yang, pp. 79, 127, 131.
Phou kong yang phou yin, pp. 161, 165.
Phou-sa, pp. 121, 123, 124, 126, 129, 130, 131.
Phou ti, p. 105.
Phou thong kong yang, pp. 60, 155.
Phou-yen jou yi tchen, p. 54.
Phou-yen san-mo-yé, p. 99.
Phou yin, p. 89.
Pi-na-yé-kia, p. 10.
Pi sin, p. 99.
Po hoang oang, p. 31.
Po tseu tsan, p. 128.
Pou mou yin, pp. 84, 163.
Pou mou yin ming, p. 129.

San chi oou 'ai li ming fei, p. 56.
San li kie, p. 59.

San li kie phou yin, p. 155.
San-mei-ti, p. 129.
San-mei-yé, pp. 69, 88, 117, 148, 149, 150, 153, 154.
San-mo-ti, pp. 161, 163.
San-mo-yé, pp. 99, 100, 102, 158.
Seu fang seu ta kia hou, p. 73.
Seu li, pp. 95, 136.
Seu tchi tsan, p. 79.
Seu tchi tsan phou, p. 161.
Seu tchi tsan phou yin, p. 165.
Seu tseu ming, pp. 116, 121.
Siang, p. 40.
Siang hiang cheou hou yin, p. 76.
Sien oou neng cheng cheou hou yin, p. 75.
Si fang nan kiang fou hou tché, p. 74.
Si Fo, pp. 111, 112, 113, 133, 134.
Sin tchi oou cheng kiu, p. 32.
Siu-mi chan, p. 118.
Siu-mi oang yin, p. 143.
Soei hi fang pien, p. 22.
Song tchhe lou, p. 156.
Soo yin, p. 68.
Sou tchao tshing yin, p. 142.
So yin, p. 68.

Ta hai, pp. 57, 118.
Ta hoei tao yin, p. 37.
Ta ji, p. 111.
Ta lo, p. 104.
Ta loen than, p. 61.
Tan tchi, pp. 15, 93, 151.
Tao Fo tshien tchhan hoei kie, p. 12.
Tao tchhang koan, pp. 59, 119.

Tao tchhang koan ling yin, p. 155.
Ta yu, p. 103.
Tchao tchi, p. 98
Tchao tshing ti thien, p. 27.
Tchao tsoei, p. 104.
Tcheng kin-kang lien hoa, p. 108.
Tcheng nien song, pp. 128, 163.
Tcheng nien yong, p. 82.
Tchen ling, pp. 66, 156, 165.
Tchen ling yin, p. 123.
Tchhang li, pp. 18, 97.
Tchhan hoei, p. 12.
Tchhan hoei kie phou yin, p. 150.
Tchheng chi ye chen, p. 72.
Tchheng phou ti, p. 105.
Tchheng pou tong, p. 64.
Tchhen san-mei-yé, p. 117.
Tchhong kie ta kiai, p. 159.
Tchhou tchang kia hou pou tong, p. 71.
Tchhou tsheng me khiu keou yin, p. 157.
Tchhou tsoei fang pien, p. 20.
Tchi lou, p. 63.
Tchi san-mei-ye, p. 158.
Tchi ti yin, p. 27.
Tchoan fa loen, pp. 9, 24, 37, 88.
Tchong se kiai tao, p. 61.
Tchou tsoen tchao tshing yin, p. 143.
Tchou Jou-lai kia tchi, p. 132.
Tchou Jou-lai tsi hoei chi lou ta Phou-sa, p. 121.
Ten ming, pp. 78, 161, 164.
Teng Phou-sa, p. 125.

Thou hiang, pp. 77, 160, 164.
Thou hiang Phou-sa, pp. 126, 131.
Ti chen tchi, p. 27.
Ti kie, p. 134.
Ti loen, pp. 28, 36.
Tong Fo, pp. 110, 112, 113, 133, 134.
Tong Phou-sa, p, 131.
Tsan, pp. 79, 127, 161, 163.
Tschi chi san-mei-ye, p. 87.
Tseu chi, p. 55.
Tshien yin, p. 11.
Tshing tchhe lou, p. 156.
Tshing tsing, pp. 16, 93, 152.

Tshoei fou tchou mo yin, p. 73.
Tshoei tsoei, p. 103.
Tsing san ye, pp. 13, 94, 148, 150.
Tsing ti, p. 94.
Tsing ye tchang, p. 105.
Tso li-fang pien, p. 19.

Yao tchao tshing yin, p. 141.
Ying tshing cheng tchong, pp. 157-167.
Yi tshie fa phing teng, p. 54.
Yi tseu choei loen koan, p. 146.
Yu kia tchi po, p. 41.

IV

TABLE DE CORRECTIONS DU TEXTE CHINOIS

5 環, yi, mettez 遣, khien.
51 胸, mettez 胷, hiong.
63 力, li, mettez 刀, tao.
67 頂, mettez 頂, ting.
68 id. id.
à la fin ajoutez 相, siang.
70 瑜, mettez 瑜, yu.
71 施, mettez 施, chi.
87 à la fin ajoutez 解悟, kiai oou.
90 导, mettez 礙, 'ai.
94 臺, mettez 臺, thai.
99 壇, mettez 壇, than.
101 万, mettez 萬, oan.
恭, mettez 茶, tchha.
104 勦, mettez 勦, tong.

126 申, chen mettez 甲, kia.
131 比, pi mettez 北, pe.
怖, mettez 怖, pou.
138 髳, mettez 鬘, man.
173 垢, mettez 垢, keou.
192 問, mettez 閉, pi.
212 斂, mettez 斂, lien.
224 voir n° 138.
240 滇彌, mettez 須彌, siu mi.
244 suppléez 開門, khai men.
257 voir n° 138.
264 飲 yin, mettez 飯, fan.
269 voir n° 138.
276 id.
283 voir n° 264.
306 羡, mettez 羯, kie.

314 voir n° 264.
315 voir n° 240.
318 菜, mettez 業, ye.
329 結, mettez 結, kie.
326 㴆, mettez 灑, chai.
341 voir n° 320.

354 le dernier caractère est 網, oang.
359 voir n° 320.
361 voir n° 138.
363 voir n° 264.
378 voir n° 138.
380 voir n° 264.

V

INDEX DES NOMS PROPRES

ET TERMES SANSCRITS

Abhijit, p. 142.
Āçleśā, p. 142.
Açvinī, p. 142.
Āditya, p. 144.
Agni, pp. 65, 140, 141, 143.
Agniana (?), p, 140.
Akṣobhya, p. 110.
Āli, p. 141.
Āloke, p. 70.
Amitābha, pp. 102, 111.
Amoghasiddha, p. 111.
An (?), p. 32.
Anagamin, p. 11.
Anurādhā, p. 142.
Ārdrā, p. 142.
Argha, argham, pp. 70, 76.
Arhat, pp. 11, 50.
Arka, p. 70.
Asura, pp. 23, 63, 144.
Avataṁsaka-sūtra, p. 4.

Bharaṇī, p. 142.
Bhumi-devī, p. 144.

Bhumika (?), pp. 137, 143.
Bhūta, p. 144.
Bodhi, pp. 3, 8, 21, 32, 105, 106, 107, 110, 115, 117, 120, 127.
Bodhi-drūm, p. 73.
Bodhisattva, pp. 21, 23, 34, 51, 52, 54, 55, 66, 67, 84, 85, 99, 102, 103, 115, 117, 121, 123, 124, 125, 126, 129, 130, 131, 139, 140, 149, 157, 158, 166.
Bora-kāma (?), p. 140.
Brahmā, pp. 41, 144.
Bṛhadāraṇyaka-upaniṣad, p. 70.
Bṛhaspati, p. 141.
Buddha, pp. 23, 24, 29, 31, 32, 33, 34, 37, 38, 39, 52, 55, 57, 59, 61, 62, 64, 66, 82, 84, 85, 86, 87, 89, 91, 94, 95, 96, 102, 103, 108, 109, 113, 114, 118, 119, 120, 121, 123, 124, 126, 127, 132, 133, 134, 135, 139, 140, 143, 149, 153, 156, 157, 158, 166, 167.

Buddha-Gâyâ, p. 73.
Budha, p. 141.

Cakra, p. 28.
Çakra, p. 143.
Çâkya-muni, pp. 26, 36, 41, 55, 73, 82.
Candra, pp. 141, 144.
Çani, p. 141.
Çaṅkha, p. 38.
Çatabhiṣaj, p. 142.
Çintamani, p. 55.
Citrâ, p. 142.
Çramaṇa, p. 85.
Çravana, p. 142.
Çraviṣṭhâ, p. 142.
Çrotâpatti, p. 11.
Çukra, p. 141.

Daṇḍa, p. 74.
Deva, pp. 84, 85, 100, 118, 139, 140, 141, 143, 144, 149, 158.
Dhâraṇî, pp. 3, 5, 9, 14, 27, 32, 43, 54, 56, 60, 67, 69, 74, 82, 87, 94, 98, 103, 104, 105, 106, 107, 108, 116, 119, 125, 128, 129, 140, 142, 145, 152, 155, 156, 158, 166.
Dharma-kâya, pp. 47, 79, 81, 83.
Dhanus, p. 141.
Dhâtu, p. 2.
Dhupa, p. 70.
Dhyâni-Bodhisattva, p. 72.
Dhyâni-Buddha, pp. 29, 81, 102, 103, 109, 113, 115, 121.

Gandha, p. 70.
Ganeça, p. 10.
Garbha, p. 2.

Garbha-dhâtu, pp. 2, 7, 59.
Gâthâ, pp. 12, 60, 79, 82, 83, 121, 127, 128.

Hasta, p. 142.
Hînayâna, pp. 2, 47, 100.
Homa, pp. 2, 137.

Içâna, p. 144.
Indra, p. 143.

Jñâna, p. 140.
Jyeṣṭhâ, p. 142.

Ka, p. 140.
Kanyâ, p. 141.
Karkaṭa, p. 141.
Karma, pp. 58, 140, 144.
Ketu, p. 141.
Kṛttikâ, p. 142.
Kumbha, p. 141.

Lakṣana, pp. 30, 36.

Maghâ, p. 142.
Maghada, p. 73.
Mahâ-bodhi, pp. 19, 73.
Mahâyâna, pp. 2, 21.
Makara, p. 141.
Maitreya, p. 55.
Maitrî, p. 55.
Maṇḍala, pp. 7, 59, 62, 115.
Maṅgala, p. 141.
Maṇi, pp. 60, 110.
Mantra, pp. 3, 5.
Meru, p. 118.
Meṣa, p. 141.
Mina, p. 141.
Mithuna, p. 141.

Mṛgaçīrša, p. 142.
Mudrā, pp. 1, 3.
Mūla, p. 142.

Nāgārjuna, p. 4.
Nakṛti, p. 144.
Naividya, p. 70.
Nirmāṇa-kāya, pp. 7, 47.
Nirvāṇa, pp. 7, 32, 70.

Pādyam, p. 70.
Pātra, pp. 41, 42.
Piçāca, p. 144.
Pipaka, p. 73.
Pīpal, p. 73.
Prajñā-pāramitā, p. 97.
Pratyeka-Buddha, p. 22.
Preta, pp. 23, 63, 144.
Pṛthivī, p. 144.
Pukhpe, p. 70.
Punarvasu, p. 142.
Purvabhādrapadā, p. 142.
Purvaphalgunī, 142.
Purvāšāḍha, p. 142.
Pušya, p. 142.

Ra, pp. 25, 33, 65, 94.
Rāhu, p. 141.
Ram, p. 137.
Ratna-Sambhava, p. 110.
Revatī. p. 142.
Ṛddhi, p. 50.
Rohiṇī, p. 142.

Sabta, p. 70.
Sakṛdāgāmin, p. 11.
Sama, p. 83.
Samādhi, pp. 62, 83, 97, 129, 137, 140, 147, 148, 161, 163.

Samaya, pp. 8, 24, 36, 69, 70, 99, 100, 101, 102, 104, 106, 111, 117, 132, 147, 148, 149, 150, 153, 154, 158.
Sambhoga-kāya, p. 47.
Siddhi, p. 97.
Siṁha, p. 141.
Stūpa, p. 55.
Sumeru, pp. 118, 145.
Sura, p. 144.
Sūrya, p. 141.
Svātī, p. 142.

Tathāgata, pp. 49, 50, 51, 52, 85, 109, 110, 113, 114, 135, 149.
Tripiṭaka, pp. 50, 57.
Tulā, p. 141.

Urṇā, p. 41.
Ušṇīša, p. 40.
Uttarabhādrapadā, p. 142.
Uttaraphalgunī, p. 142.
Uttarāšāḍhā, p. 142.
Uttarāsaṅghāṭī, p. 42.

Vaiçravaṇa, p. 144.
Vairocana, pp. 91, 103, 109.
Vajra, pp. 2, 10, 13, 17, 18, 20, 22, 23, 24, 26, 28, 29, 31, 34, 39, 41, 58, 61, 62, 71, 72, 75, 76, 78, 79, 81, 85, 91, 94, 95, 97, 102, 106, 107, 108, 113, 114, 115, 118, 119, 120, 121, 122, 125, 127, 135, 140, 142, 143, 145, 147, 149, 150, 153, 154, 155, 157, 158, 159, 162.
Vajra-dhātu, pp. 2, 91.
Vajrasattva, pp. 72, 103, 115.

Varuṇa, p. 144.
Vāyu, p. 144.
Veda, pp. 137, 138.
Viçākhā, p. 142.
Viçva-Karman, p. 140.
Vinayāka, p. 10.

Višṇu, p. 70.
Vṛšan, p. 141.

Yākša, pp. 23, 63.
Yama, p. 143.
Yoga, p. 41.

TABLE GÉNÉRALE DES MATIÈRES

Acquisition de la Bodhi, p. 105.
Acquisition de l'Esprit de Bodhi ou Compréhension, p. 106.
Aiguille (Sceau de l'), p. 110.
Air (Élément), pp. 5, 30.
Air (Roue de l'), p. 35.
Ajouter des défenses, p. 71.
Amour du prochain, p. 100.
Amour (Extrême avidité d'), p. 104.
Amour (Grand), p. 104.
Amour (Grand cœur d'), p. 101.
Anéantissement (Doctrine de l'), p. 162.
Annulaire, représente l'élément *Eau*, p. 6.
Appel des crimes, p. 104.
Arbre de science, p. 73.
Armure (Attacher l'), pp. 11, 25, 72, 88, 114, 135.
Armure de Bouddha, p. 48.
Armure de Tathâgata, pp. 114, 135.
Armure (Mettre l'), p. 25.
Armure (Mudrâ de l'), p. 48.
Armure (Revêtir l'), p. 88.
Armure (Se couvrir de l'), p. 72.
Aspersion (Purification par), p. 14.
Astres (Mudrâ de l'invitation des), p. 141.
Asûras (Monde des), p. 23.
Attirer l'intelligence, p. 98.
Auréole, p. 149.
Auriculaire. Il symbolise l'élément *Terre*, p. 6.

Bain des Divinités, pp. 70, 71, 122, 131, 159.
Balance (Signe zodiacal de la), p. 141.
Ban, formule magique, essence de l'eau, p. 146.
Base de Daï-Niti Nioraï, p. 81.
Base (Sceau de la), pp. 82, 84.
Battement de mains, pp. 14, 151.
Battement de mains de Vajra, pp. 114, 122, 135.
Bélier (Signe zodiacal du), p. 141.
Bienvenue (Paroles de), p. 159.
Bodhi (Acquisition de la), p. 105.
Bodhi (Esprit de), pp. 107, 110.
Bodhi (Étendard de l'intelligence de), p. 115.
Bodhi (Intelligence de), pp. 115, 117, 120, 127.
Bodhisattva à la guirlande, p. 129.
Bodhisattva de chant, pp. 124, 130.
Bodhisattva de danse, pp. 124, 130.
Bodhisattva de joie, pp. 123, 129.
Boddhisattva de l'amour des êtres, p. 55.
Bodhisattva (Le), Kouan-on, p. 10.
Bodhisattvas (Les 16 grands), p. 121.
Bodhisattvas féminins, pp. 123, 124, 125.
Bodhisattvas des quatre offrandes, p. 124.
Bodhisattvas (Monde des), p. 23.
Bodhisattvas (Offrande de fleurs aux), pp. 125, 130.

Bodhisattvas (Offrande de lumières aux), pp. 125, 131.
Bodhisattvas (Offrande d'encens aux), p. 130.
Bodhisattvas (Offrande d'onguents parfumés aux), pp. 126, 131.
Bodhisattvas (Réception des), pp. 67, 129, 145.
Bodhisattvas (Vertus des), p. 149.
Bol (Sceau du), p. 27.
Bonheur sans limites (Possession du), p. 39.
Bouddha, pp. 2, 3, 4.
Bouddha de l'Est, pp. 110, 112, 113, 133, 134.
Bouddha du Nord, pp. 111, 112, 114, 133, 134.
Bouddha de l'Ouest, pp. 111, 112, 113, 133, 134.
Bouddha du Sud, pp. 110, 112, 113, 133, 134, 135.
Bouddha (Armure de), p. 48.
Bouddha (Cheveux frisés du), p. 40.
Bouddha (Cœur de), p. 103.
Bouddha (Corps de), p. 91.
Bouddha (Corps véritable du), p. 107.
Bouddha (Crâne de), p. 89.
Bouddha (Dix forces de), p. 50.
Bouddha (Esprit de), pp. 38, 105, 109.
Bouddha (Essence de l'esprit de), p. 107.
Bouddha (État de), p. 7.
Bouddha (État parfait de), pp. 106, 108, 109.
Bouddha (Feu de l'intelligence de), p. 137.
Bouddha (Front de), pp. 32, 33, 40, 56, 149.
Bouddha (Sceau du front de), p. 5.
Bouddha (Groupe de), pp. 120, 143, 148, 149, 153.
Bouddha (Intelligence de), pp. 40, 91, 99, 118.
Bouddha (Langue véridique et infaillible de), p. 48.
Bouddha (Lumière de), pp. 47, 48.
Bouddha (Méditation afin de devenir), p. 80.
Bouddha (Monde de), p. 44.
Bouddha (Monde de), exempt de peur, p. 43.
Bouddha (Moyen de devenir), p. 19.
Bouddha (Moyen de devenir) par la charité, p. 24.
Bouddha (Moyen de devenir) par la destruction des mauvaises actions, p. 20.
Bouddha (Moyen de devenir) par la manifestation de l'intention de Bodhi, p. 21.
Bouddha (Moyen de devenir) par l'offrande de soi-même, p. 21.
Bouddha (Moyen de devenir) par la satisfaction, p. 22.
Bouddha (Moyen de devenir) par la soumission, p. 20.
Bouddha (Moyen de devenir) par supplication, p. 23.
Bouddha (Neuf moyens de devenir), p. 153.
Bouddha (Œil de), p. 84.
Bouddha parfait, p. 22.
Bouddha (Pratyéka), p. 85.
Bouddha producteur des trésors, p. 110.
Bouddha (Sagesse de), p. 99.
Bouddha (Samaya de), p. 8.
Bouddha (Samaya du groupe de), pp. 147, 148, 153.
Bouddha (Vase de), p. 42.
Bouddha (Yeux de), p. 44.
Bouddhas (Danse devant les), p. 124.
Bouddhas (Départ des), p. 167.
Bouddhas des Dix quartiers du monde, pp. 57, 94, 95.
Bouddhas (Égalité des hommes et des), p. 7.
Bouddhas (Les) et les hommes ne font qu'un, p. 8.
Bouddhas (Essence des), p. 91.
Bouddhas (Éveil des), pp. 18, 95, 153.
Bouddhas (Forces des), p. 53.
Bouddhas (Intelligence des), pp. 29, 78, 98.

Bouddhas (Grande intelligence des), p. 45.
Bouddhas (Les quatre intelligences des), p. 127.
Bouddhas (Méditation sur la grande réunion des), p. 121.
Bouddhas (Monde des), pp. 5, 23, 46, 77, 118.
Bouddhas du Monde du Vide, pp. 106, 107.
Bouddhas (Grande pitié des), p. 45.
Bouddhas des Quatre Points cardinaux, p. 95.
Bouddhas (Réception des), pp. 67, 157.
Bouddhas (Les trois corps des), p. 47.
Bouddhas (Véritable parole véridique des), p. 49.
Bouddhisme (Chemins du), p. 11.
Bouddhisme mystique, p. 137.
Boule précieuse ou Pierre Mani, pp. 60, 127.
Boule précieuse de la volonté du Bodhisattva Fouguen, pp. 54, 55.
Brâhmanes, p. 10.
Brave de l'est, p. 74.
Brûler des parfums, pp. 77, 160, 164.
Brûler des parfums pour les Bodhisattvas, p. 125.
Capricorne (Signe zodiacal du), p. 141.
Casque de Tathâgata, p. 48.
Cercle magique, p. 7.
Cessation des maux, p. 138.
Chaîne (Sceau de la), p. 68.
Chapelet, p. 128.
Chapelet (Purification du), p. 162.
Chapelet (Règle pour reposer le), pp. 129, 163.
Charité, pp. 24, 103.
Charité (Sceau de), p. 44.
Charité de la destruction de la peur, pp. 42, 43.
Charité de l'exemption de la peur, p. 43.
Charité (Esprit de grande), p. 91.
Chars (Envoi de), pp. 147, 156.
Chars (Réception des), p. 156.

Chasser Binayakia, p. 10.
Chasser les démons, p. 69.
Chemins du Bouddhisme (Les), p. 11.
Chemins (Les huit bons), p. 11.
Chemins de perfection, p. 19.
Chemins (Les quatre) du salut, p. 11.
Cheveux frisés du Bouddha, p. 149.
Ciel (Yeux du), p. 52.
Colère (Poings de), p. 116.
Colère (Samaya de), p. 101.
Compréhension, p. 21.
Confession, p. 20.
Confession devant le Bouddha et récitation de la formule Ké, pp. 12, 150.
Congédier respectueusement les Bouddhas, p. 132, 166.
Conque, instrument de musique religieuse, p. 38.
Conque (Sceau de la), p. 38.
Consécration de l'eau, pp. 13, 92, 131.
Consécration des offrandes, p. 92.
Consolidation du terrain, p. 154.
Constellations, pp. 141, 142, 144.
Constellations (Mudrā de l'invitation des), p. 142.
Construction du grand monde, p. 159.
Contemplation, p. 83.
Conversion des êtres (Grand sceau de la), p. 54.
Corde (Sceau de la), pp. 68, 74.
Corde de Tathâgata, p. 45.
Corps des Bouddhas (Les trois), p. 47.
Corps de la divinité, p. 137.
Corps de l'Intelligence (Manifestation du), p. 115.
Corps de l'Intelligence (Vision du), p. 115.
Corps de Lumière, p. 48.
Corps qui accomplit les actes, p. 72.
Corps triangulaire du feu, pp. 8, 25.
Corps du vrai trésor du Mandara, p. 92.
Crâne de Tathâgata, p. 40.
Crâne de Tathâgata (Forme du), p. 40.
Crâne de Vajra (Livre sacré du), p. 91.
Croisement extérieur des doigts, pp. 87, 105, 115.

Croisement extérieur des doigts de Vajra, p. 98.
Croisement de mains, pp. 110, 111.
Croisement extérieur des mains, p. 106.
Croisement des mains du monde des Bouddhas et du monde de l'humanité, p. 21.

Daï-Niti Nioraï (Épée de), p. 128.
Daï-Niti Nioraï (Intelligence de), p. 109.
Daï-Niti Nioraï (Sceau de), p. 113.
Délier le monde, p. 86.
Démons (Éloigner les), p. 93.
Démons (Mudrâ de l'expulsion des) et de la purification des impuretés, p. 157.
Démons (Poursuite des), p. 147.
Dents de Gosanzé, p. 101.
Dents (Sceau des), p. 75.
Destructeur septentrional de la crainte, p. 74.
Destruction des crimes, p. 105.
Destruction de l'enceinte du temple, p. 166.
Devenir ou faire Foudô, p. 64.
Dhâranî, p. 86.
Dhâranî d'invitation, p. 67.
Diamant, pp. 10, 39.
Diamant (Murs de), p. 158.
Diamant (Vajra de), p. 154.
Dieu du feu, Agni, p. 140.
Dieu principal, pp. 142, 143, 148, 162.
Dieux célestes, pp. 139, 144.
Dieux du feu, p. 139.
Dieux et génies (Réception des), p. 157.
Dieux des mondes (Mudrâ de l'invitation des), p. 143.
Dieux (Mondes des), p. 23.
Dieux (Vertus des), p. 150.
Discours d'offrandes, pp. 17, 96.
Disque lunaire de l'esprit, pp. 98, 99.
Distinction où il n'y a point de distinction, p. 80.
Divinités terrestres et possession du terrain, p. 27.
Divinités terrestres (Invitation aux), p. 27.

Dix forces (Les) des Bouddhas, p. 53.
Dix Quartiers du monde (Les), pp. 41, 50, 51, 52, 66, 67, 68, 69, 70, 71.
Djakou (Formule magique), pp. 116, 121.
Dompteur des trois Vies, p. 100.
Douze parties du corps (Sceau des), p. 31.

Eau, élément, symbolisé par l'annulaire, p. 6.
Eau du Gange, p. 70.
Eau (Méditation d'un mot sur la Roue de l'), p. 146.
Eau (Offrande d') pour le bain des divinités, pp. 70, 122, 131, 159.
Eau (Offrande d') pour désaltérer les divinités, pp. 76, 165.
Eau parfumée (Consécration de l'), p. 92.
Eau parfumée de Huit Qualités, p. 76.
Eau parfumée (Roue de l'), pp. 36, 59.
Eau (Vertu purificatrice de l'), p. 29.
Eaux de Huit mérites, p. 57.
Écrevisse (Signe zodiacal de l'), p. 141.
Édifice entouré de flammes, p. 158.
Égalité des hommes et des Bouddhas, p. 7.
Égalité et homogénéité des lois, p. 54.
Égalité (Intelligence de l') de Daï-Niti Nioraï, p. 99.
Égalité de Trois, p. 69.
Égalité (Voie moyenne de l'), p. 162.
Éléments (Les Cinq), pp. 5, 6, 28, 29, 35, 40, 43, 47.
Éléments (Les Cinq), symbolisés par les cinq doigts, p. 5.
Éléments cycliques, p. 141.
Éloge des Quatre Intelligences, pp. 79, 161, 165.
Éloge en cent mots, p. 128.
Encensoir, p. 18.
Enfers (Monde des), p. 23.
Enlacement des doigts, p. 17.
Enlever les impuretés, pp. 15, 152.
Entrée en Samâdhi, pp. 83, 129, 147, 148, 161, 163.

Entrée dans le Samaya de Bouddha, pp. 24, 88.
Épée (Sceau de l'), pp. 111, 133.
Épée à deux tranchants, p. 109.
Épée de Daï-Niti Nioraï, pp. 109, 128.
Épée de Foudô Mio-hô, p. 65.
Ésotérique (Enseignement) du Bouddhisme, p. 1.
Esprit (Jonction des mains de l'), p.149.
Esprit (Fermer l'), p. 99.
Esprit de Bodhi, p. 110.
Esprit de Bodhi (Forme de l'), p. 107.
Esprit de Vajra (Étendre l'), p. 106.
Esprit de Vajra (Manifester l'), p. 106.
Esprit de Vajra (Presser l'), p. 106.
État du parfait mystère, p. 81.
Étendre les Vajras, p. 107.
Éther, élément, symbolisé par le pouce, p. 5.
Éveil (Rite et mudrá d'), p. 147.
Éveil des Bouddhas, pp. 18, 95, 153.
Éveil des divinités terrestres, p. 26.
Éveil des êtres, p. 14.
Excellent résultat, p. 97.
Extase, p. 62.
Extrême joie (Samaya de l'), p. 111.

Fermer l'esprit, p. 99.
Feu, élément, pp. 5, 33.
Feu (Élément) symbolisé par le doigt médius, p. 5.
Feu de l'Intelligence de Bouddha, p. 137.
Feu (Roue du), pp. 30, 36.
Feu sacrificatoire, p. 137.
Feu (Sceau du), pp. 30, 34, 36, 89.
Feu (Sceau de la production du), p. 9.
Figuier sacré, p. 73.
Filets de Vajra, pp. 147, 158.
Flamme (Production de la), pp. 8, 28, 30, 33.
Flammes de Foudô, p. 65.
Flammes miraculeuses, p. 32.
Flammes (Murs de), pp. 158, 166.
Flèches (Sceau des grandes), p. 31.
Fleurs (Guirlande de), pp. 129, 160, 164.

Fleurs (Tapis de), p. 123.
Fleurs tenues dans les mains de Vajra, p. 58.
Force (Grande) du monde de mystère, p. 60.
Force naturelle du monde de la Loi, p. 60.
Forces des Bouddhas, p. 53.
Forces (Les Dix) de Bouddha, p. 50.
Force (Trois), p. 155.
Forme (Monde de la), p. 7.
Formes (Les cinq), pp. 107, 108, 109.
Formes (Mauvaises), p. 30.
Formes (Les trente-deux bonnes), p. 30.
Formules magiques, pp. 3, 32, 116, 117, 121, 122, 146.
Foudô (Devenir ou faire), p. 64.
Foudô (Épée de), p. 65.
Foudô (Flammes de), p. 65.
Foudre, pp. 10, 15, 19, 39.
Foudre à cinq dards, pp. 62, 66.
Foudres (Cinq), p. 58.
Frapper des mains, p. 93.
Frotter les mains (Se) et enlacer les doigts, pp. 17, 96.

Gange (Eau du), p. 70.
Gardien de l'ouest, vainqueur des démons difficiles à vaincre, p. 74.
Gardien universel, sans patience, du sud, p. 75.
Gardiens de face, p. 76.
Gardiens invincibles, p. 75.
Gardiens des points cardinaux (Les quatre grands), p. 73.
Gémeaux (Signe zodiacal des), p. 141.
Génies (Monde des), p. 23.
Geste d'appel, p. 27.
Gloire des Bouddhas, p. 149.
Goma (Rite de), p. 137.
Goma de tous les êtres, p. 146.
Goma pour tous les êtres vivants du monde de la Loi, pp. 144, 145.
Gosanzé (Samaya de), p. 132.
Gosanzé (Sceau de), p. 132.
Grand bonheur, p. 104.

Grand océan, p. 118.
Grand sceau de la possession de la puissance du vajra, p. 95.
Grande avidité d'amour des êtres, p. 103.
Grande compréhension, pp. 19, 32, 73.
Grande résolution de convertir les êtres, p. 100.
Grande Roue, p. 61.
Grelot (Sceau du), p. 68.
Grelot (Sonner le), pp. 123, 156, 165.
Guirlande de fleurs (Offrande d'une), pp. 77, 124.
Guirlande de fleurs pour les Tathágatas, p. 113.
Guirlande de perles (Offrande d'une), pp. 128, 162.

Haute merveille, p. 145.
Holocauste, pp. 137, 143.
Hommes (Égalité des) et des Bouddhas, p. 7.
Homogénéité (Égalité et) des Lois, p. 54.
Hondzon ou Dieu principal (Mudrā de la réception du), p. 142.
Huit Feuilles (Sceau de), pp. 36, 39, 71, 149, 159.

Impatience, pp. 25, 73.
Impatience (Sceau d'), p. 86.
Index (L'), symbole de l'air et du vent, pp. 5, 10.
Inspiration de l'égalité et de l'homogénéité de toutes les Lois, p. 54.
Intelligence de l'accomplissement parfait des actes, p. 63.
Intelligence de Bouddha, p. 37.
Intelligence des Bouddhas, p. 78.
Intelligence de contrôle, de jugement et de prédication, p. 63.
Intelligence du corps de la Loi, p. 81.
Intelligence de Daï-Niti Nioraï, p. 109.
Intelligence de l'égalité de Daï-Niti Nioraï, p. 99.
Intelligence de l'égalité de tous les êtres, p. 63.

Intelligence essentielle du corps de la loi, p. 79.
Intelligence du grand miroir circulaire, p. 63.
Intelligence du monde de la Loi, p. 63.
Intelligence (Vertu d'), p. 37.
Intelligences (Les cinq), p. 81.
Intelligences (Les cinq) de Daï Niti Nioraï, p. 63.
Intelligences en nombre infini, p. 80.
Intelligences (Les quatre), pp. 80, 81.
Intelligences (Les seize), p. 80.
Intrépidité (Vertu d'), p. 43.
Invitation des astres (Mudrā de l'), p. 141.
Invitation de Ka-ten (Mudrā de l'), p. 140.
Invitation de toutes les divinités, p. 143.

Jonction de mains de Kongô, p. 71.
Jonction de mains de Lotus non éclos, p. 108.
Jonction de mains de Vajra, pp. 12, 71, 79, 85, 94, 95, 96, 113, 121, 125, 127, 153, 159.
Jupiter (la planète), p. 141.

Ka-ten, dieu du feu (Mudrā de l'invitation de), p. 140.
Kokou, formule magique, pp. 117, 122.
Kongô (groupe de), p. 143.
Kongô (jonction de mains de), p. 71.
Kouan-on (le Bodhisattva), p. 10.

Lancer le doigt, pp. 15, 151.
Langue de Bouddha, p. 48.
Langue de Tathâgata, p. 48.
Libération du monde, p. 132.
Lieu du chemin, p. 59.
Lion (signe zodiacal du), p. 141.
Loi bouddhique, p. 30.
Loi (corps de la), p. 47.
Loi (dix quartiers du monde de la), p. 107.

Loi (intelligence du corps de la), p. 81.
Loi (intelligence essentielle du corps de la), p. 79.
Loi (intelligence du monde de la), p. 63.
Loi (monde de la), pp. 7, 59, 108.
Loi (prédication de la), p. 49.
Loi (Roue de la), pp. 102, 103.
Loi (Roue tournante de la), p. 103.
Loi (vêtements de la), p. 7.
Loi (Vœu de la durée éternelle de la), p. 153.
Lois (égalité et homogénéité des), p. 54.
Lois mystérieuses, p. 13.
Lois mystérieuses (rite des), pp. 4, 5.
Lotus, pp. 29, 102.
Lotus (bouton de), p. 13.
Lotus épanoui, p. 29.
Lotus (étendre les), p. 107.
Lotus (feuille de), p. 111.
Lotus (fleur de), pp. 18, 58.
Lotus (groupe de), pp. 120, 143, 149.
Lotus (jonction de mains de), p. 53.
Lotus (jonction de mains du bouton de), pp. 13, 26.
Lotus (monde de), p. 107.
Lotus (Mudrâ mère du), p. 102.
Lotus non éclos (jonction de mains du Vajra de), p. 108.
Lotus (presser les), p. 108.
Lotus (roi des) du monde, p. 59.
Lotus (Samaya de), pp. 102, 106.
Lotus (Samaya du groupe de), pp. 147, 149, 154.
Lotus (tapis de), pp. 71, 159.
Lotus de Vajra, p. 108.
Louanges, pp. 79, 127, 161, 165.
Lumière brillante, pp. 16, 94, 152.
Lumière éternelle, p. 47.
Lumière des quatre mots, pp. 116, 121.
Lumières (offrandes de), pp. 78, 160, 164.
Lunaire (disque) de l'esprit, pp. 98, 99.
Lune (planète), p. 141.
Lune (pleine), p. 17.

Maṇḍala du monde de Vajra, p. 115.
Mandara du Kongô-Kaï, p. 115.
Mandara (méditation sur le), p. 62.
Mandara du musée Guimet, p. 143.
Manifestation des désirs, pp. 86, 132.
Manifestation de l'intelligence de Bodhi, p. 21.
Manifestation des lotus de Vajra, p. 108.
Manifestation de pureté et de bonté, p. 98.
Manifestation réciproque du Samaya, p. 70.
Manifestation du Samaya, pp. 69, 87, 117, 158.
Mantras, formules magiques, pp. 3, 32.
Mars (la planète), p. 141.
Méditation, pp. 3, 62, 156.
Méditation afin de devenir Bouddha, p. 80.
Méditation afin de devenir Daï-Niti Nioraï, p. 108.
Méditation des Cinq Roues extérieures, pp. 28, 34.
Méditation du croisement extérieur des doigts (Sceau de la), p. 106.
Méditation de satisfaction, p. 34.
Méditation du temple, pp. 59, 119, 147, 155.
Méditation extatique, p. 83.
Méditation intense, p. 137.
Méditation sur le Mandara, p. 62.
Méditation sur le Monde de la Loi, p. 81.
Méditation sur le mot Ra, p. 25.
Médius, symbole du feu, p. 5.
Mercure (La planète), p. 141.
Mer de vie, p. 46.
Mère des classes, p. 85.
Mère des classes (sceau de la), pp. 84, 129, 163.
Merveille (haute), p. 145.
Miracle du bonheur universel, p. 54.
Miroir circulaire (intelligence du grand), p. 63.

Monde de la Forme, p. 7.
Monde de la Loi, pp. 7, 9, 35, 37, 59, 108, 144.
Monde de la Loi (force naturelle du), p. 60.
Monde de la Loi (Goma pour tous les êtres vivants du), pp. 144, 145.
Monde de la Loi (intelligence du), p. 63.
Monde de la Loi (méditation sur le), p. 81.
Monde de la Loi (pouvoir mystérieux du), p. 92.
Monde de la Loi (production du), pp. 24, 42.
Monde de la Loi (sceau de la production du), pp. 8, 88.
Monde de peur, p. 43.
Monde de Vajra, p. 91.
Monde de Vajra (Maṇḍala du), p. 115.
Monde des animaux, p. 23.
Monde des Bouddhas, pp. 5, 43.
Monde des Génies, p. 23.
Monde des hommes, pp. 5, 23.
Monde des Prétas, p. 23.
Monde des Yakšas, p. 23.
Monde (dix quartiers du), pp. 23, 84. 94, 95, 98, 119, 120, 149, 156.
Monde du Mystère divin, p. 92.
Monde du mystère divin (grande force du), p. 60.
Monde (libération du), p. 132.
Monde sans peur, p. 43.
Mondes (les dix), pp. 23, 63, 85.
Mondes (les trois mille), p. 118.
Mont Shoumi, p. 118.
Monument des trois groupes, p. 149.
Moyen de faire tourner, pp. 85, 166.
Mur de Vajra, pp. 147, 155, 158.
Murs de flammes, pp. 158, 166.
Mystère de l'unification du corps du prêtre avec celui de Bouddha, p. 86.
Mystère divin (monde du), p. 92.
Mystère divin (grande force du monde du), p. 60.
Mystère des sceaux, p. 4.

Mystères (trois), pp. 3, 89, 90.

Nen-djou (vrai), pp. 128, 163.
Nimbe, p. 149.
Nourriture de conscience, pp. 126, 127.
Nourriture de consommation, pp. 126, 127.
Nourriture de pensée, pp. 126, 127.
Nourriture de tact, pp. 126, 127.
Nourritures (sceau des), pp. 126, 131.

Océan (grand), pp. 57, 118.
Offrande d'eau pour désaltérer les Bouddhas, pp. 76, 165.
Offrande d'eau pour le bain des dieux, pp. 70, 122, 136, 159.
Offrande d'une guirlande de fleurs, pp. 77, 113, 124.
Offrande d'une guirlande de perles, pp. 128, 162.
Offrande générale, pp. 79, 127, 161, 165.
Offrande universelle, pp. 60, 79, 127, 131, 155.
Offrandes antérieures, p. 80.
Offrandes de choses, pp. 126, 127.
Offrandes de raison, pp. 126, 127.
Offrandes essentielles, p. 70.
Offrandes postérieures, pp. 80, 85.
Onction de parfums, pp. 77, 160, 164.
Ornements sacerdotaux (purification des), p. 7.
Oun (formule magique), pp. 116, 122.
Ouvrir l'esprit, p. 98.

Palais, constellations zodiacales, p. 141.
Paroles de bienvenue, p. 71.
Patience difficile, p. 73.
Permanence (doctrine de la), p. 162.
Personne accomplissant les actes, p. 72.
Pétales de fleurs, p. 58.
Peur (monde de), p. 43.
Peur (monde sans), p. 43.

Phrases de purification, p. 86.
Planètes, pp. 141, 144.
Plein désir, p. 44.
Poing de colère, pp. 64, 75, 76, 101, 116.
Poing de Koṅgô, pp. 10, 16, 75, 76, 78, 97, 118, 120, 142, 145.
Poing de Lotus, p. 8.
Poing de Vajra, pp. 75, 76, 78, 97, 118, 120, 142, 145.
Points cardinaux, pp. 73, 95.
Points cardinaux (quatre grands gardiens des quatre), p. 73.
Poisons transformés en médicaments salutaires, p. 49.
Poissons (Signe zodiacal des), p. 141.
Possession du terrain (prise de), p. 27.
Pouce (le). Il symbolise l'éther ou le vide, pp. 5, 11.
Pouvoir mystérieux du monde de la loi, p. 92.
Prédication de la loi, p. 49.
Prédication en personne opportune, p. 82.
Prédication (intelligence de contrôle, de jugement et de), p. 63.
Prédication (vertu de), p. 102.
Préparation du chemin, p. 63.
Presser les lotus, p. 108.
Prétas (monde des), p. 23.
Prière après s'être frotté les mains, p. 152.
Prière (sceau de la), p. 120.
Production des cinq formes, p. 107.
Production des cinq formes en soi-même, p. 106.
Production de l'esprit de Bouddha, p. 105.
Production du monde de la loi, pp. 24, 42, 88.
Production du monde de la loi (sceau de la), pp. 8, 88.
Purification, pp. 16, 93, 152.
Purification de l'eau parfumée, p. 13.
Purification de la place, p. 94.
Purification de trois choses, pp. 13, 94, 148, 150.

Purification des actes, pp. 69, 105.
Purification des offrandes, p. 14.
Purification des vêtements sacerdotaux, pp. 7, 142.
Purification du chapelet, p. 82.
Purification du riz (Mudrâ de la), p. 145.
Purification par aspersion, pp. 14, 92, 151.
Purification par l'eau, p. 93.
Purification (phrases de), p. 86.

Quartiers du monde (les dix), pp. 23, 84, 94, 95, 98, 119, 120, 149, 156.
Quatre saluts, p. 95.

Ra (méditation sur le mot), p. 25.
Racine fondamentale (sceau de la), pp. 128, 129, 147, 162, 163.
Réception des Bodhisattwas, pp. 67, 129, 145.
Réception des Bouddhas, pp. 67, 157.
Réception des divinités (Rite de), p. 147.
Réception générale des Bouddhas, Bodhisattvas, dieux et génies, p. 67.
Réception du Hondzon ou dieu principal, p. 142.
Recevoir avec empressement, p. 67.
Réciter des compliments, pp. 18, 97.
Reconduire respectueusement, pp. 87, 166.
Règle pour reposer le chapelet, p. 83.
Reine de la force d'invulnérabilité, p. 56.
Reine de la force sans obstacles dans les trois vies, p. 56.
Ressemblance de cheveux, p. 41.
Réunion des divers Tathâgatas et des seize grands Bodhisattvas, p. 121.
Revêtir l'armure, p. 11.
Riz cuit (offrande de), pp. 78, 160, 164.
Roi de cent lumières, pp. 31, 32.
Roi de la fleur de lotus miraculeuse, p. 58.
Roi des lotus du monde, p. 59.
Roue, pp. 9, 28.

Roue de l'air, p. 30.
Roue de l'eau. — Sceau de huit feuilles, pp. 29, 36, 59.
Roue de l'eau (Méditation d'un mot sur la), p. 146.
Roue de l'éther ou du vide, p. 30.
Roue de la loi, pp. 102, 103.
Roue de la terre, p. 28.
Roue de Vajra, p. 119.
Roue du Feu, p. 30.
Roue tournante de la loi, pp. 9, 24, 30, 35, 37, 88, 103.
Roue (Trésor de la), p. 58.
Roues extérieures (méditation des Cinq), pp. 28, 34.

Sabre, p. 38.
Sabre (geste du), p. 102.
Sabre de grande intelligence, pp. 20, 30, 35, 37, 105.
Sabre de grande intelligence (sceau du), p. 74.
Sabre mystique, p. 20.
Sabre (sceau du), p. 142.
Sagesse, p. 3.
Sagesse de Bouddha, p. 99.
Sagesse universelle, p. 54.
Sagittaire (signe zodiacal du), p. 141.
Salut aux Bouddhas, p. 87.
Saluts (quatre), pp. 95, 136.
Samâdhi (entrée en), pp. 83, 129, 147, 148, 161, 163.
Samaya de Bouddha, pp. 8, 24, 36, 88.
Samaya de colère, p. 101.
Samaya de l'extrême joie, pp. 100, 110, 111.
Samaya de la formation du sceau de la défense du corps, pp. 150, 154.
Samaya de Gozanzé, p. 132.
Samaya de lotus, pp. 102, 106.
Samaya du groupe de lotus, pp. 147, 149, 154.
Samaya du groupe de Vajra, pp. 150, 154.
Samaya (manifestation du), pp. 69, 87, 117, 158.

Samaya (manifestation réciproque du), p. 70.
Sans peur (monde), p. 43.
Satisfaction des désirs des êtres, p. 44.
Satisfaction (méditation de), p. 34.
Saturne (la planète), p. 141.
Saveur des lois innombrables, p. 42.
Sceau (sens du terme), p. 8.
Sceau commun, p. 34.
Sceau de Djô, p. 83.
Sceau de la base, p. 81.
Sceau de la victoire sur les démons, p. 73.
Sceau des corbeilles du livre, p. 57.
Sceau universel, pp. 34, 59, 79, 85, 86, 87, 89, 97, 153, 155.
Sceaux (valeur des), pp. 3, 4, 7.
Scorpion (signe zodiacal du), p. 141.
Seize intelligences (les), p. 79.
Shoumi (Mont), p. 118.
Shoumi, roi des monts (Mudrâ du), p. 145.
Soleil (la roue emblème du), p. 9.
Sollicitation, p. 119.
Sonner le grelot, pp. 66, 123, 156, 165.
Soumission (moyen de devenir Bouddha par), p. 20.

Tapis de lotus, pp. 71, 159.
Tathâgata (casque de), p. 48.
Tathâgata (dent de), p. 49.
Tathâgata (dix forces de), p. 50.
Tathâgata (éloquence de), p. 49.
Tathâgata (esprit de), p. 45.
Tathâgata (langue de), p. 48.
Tathâgata (nombril de), p. 46.
Tathâgata (parole de), p. 49.
Tathâgata (réceptacle de), p. 47.
Tathâgata (reins de), p. 46.
Tathâgatas (corps d'intelligence des), p. 47.
Tathâgatas (kadji de plusieurs), p. 132.
Tathâgatas (vertus des cinq), p. 109.
Taureau (signe zodiacal du), p. 141.

TABLE GÉNÉRALE DES MATIÈRES

Temple (méditation du), pp. 59, 119, 147, 155.
Terre (l'élément) symbolisé par l'auriculaire, pp. 6, 26.
Terre pure de Bouddha, p. 57.
Terre (Roue de la), p. 36.
Tranquillité de l'intelligence, p. 97.
Tracer des limites de différentes couleurs, p. 61.
Trésor (sceau du), p. 135.
Trident (mudrâ du), pp. 15, 107.
Trois choses (purification de), pp. 13, 94, 148, 150.
Trois forces (les), p. 59.
Trois mystères (les), pp. 3, 89, 90.
Trois vies (les), p. 50.
Trois vies (les), ne font qu'un seul et même corps, p. 70.
Trois vies (reine de la force sans obstacles dans les) p. 56.

Unification du corps du prêtre avec celui de Bouddha (mystère de l'), p. 86.

Vajra à cinq dards, p. 162.
Vajra à cinq dards (croisement extérieur du), p. 29.
Vajra à cinq dards (Mûdra du), p. 81.
Vajra à trois dards, pp. 155, 157.
Vajra (danse du), p. 95.
Vajra (étendre l'esprit de), p. 106.
Vajra (filet de), pp. 147, 158.
Vajra (grand sceau de la possession de la puissance de), p. 95.
Vajra (grande intelligence de), p. 39.
Vajra (groupe de), pp. 120, 143, 149.
Vajra (jonction de mains de), pp. 12, 18, 20, 22, 23, 31, 34, 71, 79, 85, 94, 95, 96, 113, 121, 125, 127, 153, 159.
Vajra (jonction de mains de) de lotus non éclos, p. 108.
Vajra (lotus de), p. 108.
Vajra (manifester l'esprit de), p. 106.
Vajra (monde de), p. 91.
Vajra (mur de), pp. 147, 155, 158.
Vajra (poing de), pp. 75, 78, 142, 145.

Vajra (poings de), pp. 40, 61, 76, 97, 118, 120.
Vajra (presser l'esprit de), p. 106.
Vajra (roue de), p. 119.
Vajra (samaya du groupe de), pp. 147, 150, 154.
Vajra (sceau du triple), p. 28.
Vajra (triple), p. 159.
Vajras (étendre les), p. 107.
Vajra-Karma (Mudrâ du Bodhisattva), p. 140.
Vase de Yoga (possession du), p. 41.
Vent (le), élément, symbolisé par l'index, p. 5.
Vénus (la planète), p. 141.
Vérités excellentes (les quatre), p. 11.
Verseau (le signe zodiacal du), p. 141.
Vertu de la force miraculeuse, p. 60.
Vertu purificatoire de l'eau, p. 29.
Vertus des cinq Tathâgatas, p. 109.
Vêtements de la loi, p. 7.
Vêtements de la loi (purification des), pp. 7, 142.
Victoire sur les démons (sceau de la), p. 73.
Vide (l'élément) symbolisé par le pouce, pp. 5, 11.
Vide (principe du), p. 30.
Vide (roue du), p. 35.
Vie (mer de), p. 46.
Vies (les trois), pp. 50, 56, 84.
Vies (les trois) ne font qu'un seul et même corps, p. 70.
Vies (reine de la force sans obstacles dans les trois), p. 56.
Vies (roi lumineux victorieux dans les trois), p. 116.
Vies (vaincre les trois), p. 101.
Vies (vainqueur des trois), p. 100.
Vierge (la), signe zodiacal, p. 141.
Vœu fondamental, pp. 8, 84.
Vœu fondamental de charité, p. 22.
Vœu de la durée éternelle de la loi, p. 153.
Voie moyenne de l'égalité, p. 162.
Vraie loi de cause et d'effet, p. 101.

Vraie méditation de la récitation, p. 82.
Vraie parole, p. 3.

Yâksas (monde des), p. 23.
Yeux du ciel, p. 52.

Yeux de pitié, p. 44.
Yeux (les cinq), pp. 84, 85.
Yeux (les), produisent la pitié, p. 44.

Zodiaque (les douze signes du), p. 141.

ERNEST LEROUX, ÉDITEUR, RUE BONAPARTE, 28.

ANNALES DU MUSÉE GUIMET

BIBLIOTHÈQUE D'ÉTUDES
Série in-8°

I. — LE RIG-VÉDA et les origines de la mythologie indo-européenne, par Paul Regnaud. Première partie. Un vol. in-8.................... 12 fr.
II. — LES LOIS DE MANOU, traduites par G. Strehly. Un vol. in-8. 12 fr.
III. — COFFRE A TRÉSOR ATTRIBUÉ AU SHOGOUN IYÉ-YOSHI (1838-1853). Etude héraldique et historique, par L. de Milloué et S. Kawamoura. In-8, figures.. 10 fr.
IV. — RECHERCHES SUR LE BOUDDHISME, par Minayef, traduit du russe par Assier de Pompignan, avec une introduction par Em. Senart, membre de l'Institut. In-8...................................... 10 fr.
V. — VOYAGE DANS LE LAOS, par Etienne Aymonier. Première partie. In-8, avec 32 cartes.. 16 fr.
VI. — Seconde partie. In-8, 22 cartes............................. 16 fr.
VII. — LES PARSIS, Histoire des Communautés zoroastriennes de l'Inde, par D. Menant. Première partie. In-8, illustré de figures et de 21 planches... 20 fr.
VIII. — SI-DO-IN-DZOU. Gestes de l'Officiant dans les cérémonies mystiques des sectes Tendaï et Singon, d'après le commentaire de M. Horiou Toki supérieur du Temple de Mitani-dji, traduit du japonais sous sa direction, par S. Kawamoura, avec introduction et annotations par L. de Milloué, conservateur du Musée Guimet. In-8 illustré de figures et de 21 planches... 12 fr.
IX. — BOD YOUL ou TIBET, par L. de Milloué. In-8. (*Sous presse*).

BIBLIOTHÈQUE DE VULGARISATION
SÉRIE DE VOLUMES IN-18 ILLUSTRÉS

A 3 fr. 50

I. — LES MOINES ÉGYPTIENS, par E. Amélineau. In-18, illustré.
II. — PRÉCIS DE L'HISTOIRE DES RELIGIONS. — Première partie : Religions de l'Inde, par L. de Milloué. In-18, illustré de 21 planches.
III. — LES HÉTÉENS. — Histoire d'un Empire oublié, par H. Sayce; traduit de l'anglais, avec préface et appendices, par J. Menant, de l'Institut. In-18, illustré de 4 planches et de 15 dessins dans le texte.
IV. — LES SYMBOLES, LES EMBLÈMES ET LES ACCESSOIRES DU CULTE CHEZ LES ANNAMITES, par G. Dumoutier. In-18, illustré de 35 dessins annamites.
V. — LES YÉZIDIS. Épisode de l'histoire des adorateurs du diable, par J. Menant, membre de l'Institut. In-18, illustré.
VI. — LE CULTE DES MORTS dans l'Annam et dans l'Extrême-Orient, par le lieutenant-colonel Bouinais et Paulus. In-18.
VII. — RESUMÉ DE L'HISTOIRE DE L'ÉGYPTE, par E. Amélineau. In-18.
VIII. — LE BOIS SEC REFLEURI, roman coréen, traduit en français par Hong Tjyong-ou. In-18.
IX. — LA SAGA DE NIAL, traduite en français pour la première fois par R. Dareste, de l'Institut, conseiller à la Cour de Cassation. In-18.
X. — LES CASTES DANS L'INDE. Les faits et le système, par Em. Senart, de l'Institut. In-18.

Le Puy-en-Velay. — Imprimerie Régis Marchessou, boulevard Carnot, 23.

www.ingramcontent.com/pod-product-compliance
Lightning Source LLC
Chambersburg PA
CBHW071517160426
43196CB00010B/1557